클린 파이썬

클린 파이썬
효과적인 파이썬 코딩 기법

수닐 카필 지음　유연재 옮김

i!i
에이콘

에이콘출판의 기틀을 마련하신 故 정완재 선생님 (1935-2004)

수닐 카필 Sunil Kapil

지난 10년 동안 파이썬을 비롯한 여러 언어로 프로덕션 코드production code를 작성한 소프트웨어 전문가다. 주로 웹과 모바일 서비스의 백엔드backend에서 소프트웨어 엔지니어로 근무했다. 수백만 명의 사용자에게 사랑받고 이용되는 소규모 및 대규모 운영 프로젝트를 개발하고 배포하며 유지한다. 전 세계 유명 소프트웨어 회사의 다양하고 전문적인 환경에서 여러 팀과 그 프로젝트들을 완료했다. 오픈소스의 열정적인 지지자로서 줄립 챗Zulip Chat, 블랙Black 같은 프로젝트에 지속적으로 기여하고 있을 뿐 아니라 비영리 단체와 협력해 소프트웨어 프로젝트에서 자원봉사를 하기도 한다.

다양한 밋업meetup과 콘퍼런스에서 많은 발표를 해왔으며 소프트웨어 엔지니어링, 도구, 기술에 대한 웹 사이트를 운영한다. 또한 이메일과 소셜 미디어를 통해서도 많은 사람과 의견을 나누고 있다.

웹: https://softwareautotools.com/
이메일: snlkapil@gmail.com
링크드인: https://www.linkedin.com/in/snlkapil/
깃허브: https://github.com/skapil

감사의 글

우선 Apress의 니킬^{Nikhil}에게 감사하고 싶다. 니킬은 2018년 10월 내게 연락해서 Apress Media LLC와 함께 책을 쓰도록 설득했다. 각 장^{chapter}을 작성하는 동안 많은 도움을 주고 나의 바쁜 일정을 감안해 끝까지 인내해준 Apress의 편집자 디비야 모디^{Divya Modi}에게 감사한다. 파이썬 개발자에게 더 가치 있는 책을 만들기 위한 검토 과정에서 귀중한 제안을 해준 Apress의 개발 편집자 리타 페르난도^{Rita Fernando}에게도 감사한다. 그리고 모든 장의 내용을 비판적으로 검토해준 소날 라즈에게 감사한다. 내가 결코 찾지 못했을 내용상의 많은 문제점을 찾아줬다.

물론 나를 끝까지 믿어준 Apress의 제작 팀 모두에게도 큰 감사를 전한다.

무엇보다 책 출간 프로젝트가 많은 시간이 걸린다는 것을 이해해준 사랑하는 나의 특별한 가족에게 감사한다. 아낌없이 나를 보살펴주신 어머니 릴라 카필^{Leela Kapil}과 아버지 하리시 찬드라 카필^{Harish Chandra Kapil}에게 감사한다.

사랑하는 아내 니투^{Neetu}. 저술하는 동안 끊임없이 나를 격려하고 지원해준 당신에게 깊이 감사한다. 이 책이 좀 더 특별하다면, 전적으로 정말 멋진 당신의 도움 덕분이다.

소날 라즈^{Sonal Raj}(@_sonalraj)

10년 넘게 저자, 엔지니어, 멘토로 활동했으며 열렬한 '파이써니스타^{Pythonista}'였다. 골드만 삭스 출신이며, 인도 과학 연구소^{Indian Institute of Science}의 전직 연구원이다. 트레이딩 알고리즘^{trading algorithm}과 로우 레이턴시 시스템^{low latency system} 구성에 대한 전문성을 갖춘 금융 기술 산업의 핵심 구성원이며, 오픈소스 개발자 및 커뮤니티 회원이다.

정보 기술과 경영학 석사 학위자이며 연구 영역은 분산 시스템, 그래프 데이터베이스^{graph database}, 교육 공학을 포함한다. 런던 IET^{Institution of Engineering and Technology}의 활동 회원이며 인도 기술교육학회^{Indian Society for Technical Education}의 종신 회원이다.

그래프 데이터베이스 Neo4j의 기능과 사용법을 다룬 『Neo4j High Performance』(Packt, 2015)의 저자이고, 기술 인터뷰 방법론에 관한 '인터뷰 에센셜^{Interview Essentials}' 시리즈의 저자다. 피플 크로니클즈 미디어^{People Chronicles Media}의 편집자, 「Journal of Open Source Software(JOSS)」의 리뷰어, 유겐 재단^{Yugen Foundation}의 창립자이기도 하다.

옮긴이 소개

유연재(yyj20934@gmail.com)

프로그램 개발과 관련한 모든 분야에 관심이 많다. 항상 부족한 것이 많다고 생각하며 노력하는 40대 프로그래머다. 현재는 보험의 디지털 혁신을 꿈꾸는 캐롯손해보험에서 일반보험 IT 개발을 담당하고 있다. 에이콘출판사에서 출간한 『자바 네트워크 프로그래밍』(2016), 『파이썬과 자연어 처리』(2017), 『파이썬과 비즈니스 자동화』(2018)를 번역했다.

파이썬은 가장 인기 있는 프로그래밍 언어 중 하나입니다. 문법이 복잡하지 않고 초보자도 쉽게 다룰 수 있으므로, 파이썬은 코딩을 처음 접하는 학생들부터 인공지능, 머신러닝 등을 다루는 개발자들까지 다양하게 사용되고 있습니다. 개발자 대부분은 파이썬이 처음 나왔을 때 지금과 같은 인기를 얻을 것이라고 상상하지 못했습니다. 저 역시 마찬가지였습니다.

현재 파이썬의 위상은 상상을 초월하고 있습니다. 대중적으로 많은 사랑을 받고 있으며, 파이썬 관련 프로그래밍 서적도 끊임없이 쏟아지고 있습니다. 또한 사용 가능한 공개 라이브러리도 다른 프로그래밍 언어보다 다양하므로 원하는 프로그램을 쉽게 작성할 수 있습니다. 그럼에도 저는 파이썬을 공부하면서 늘 한 가지 아쉬운 점이 있었습니다. 성능이 크게 떨어진다거나 코딩이 불편하다는 이야기가 아닙니다. 여러 프로그래밍 언어와 달리, 파이썬의 경우 효과적으로 코딩하는 방법에 대한 정보가 부족하다고 느껴졌습니다.

이 책은 더 나은 방법으로 파이썬 코드를 작성하는 것을 전제로 접근합니다. 파이썬의 파이써닉 코드 작성 방법을 시작으로, 올바른 표현과 내장 데이터 구조, 함수와 클래스, 딕셔너리를 활용한 모듈 및 메타클래스 등을 다룰 것입니다. 또한 데코레이터와 컨텍스트 매니저, 제너레이터와 이터레이터, 비동기 프로그래밍, 타입 힌트, 디버깅 방법과 테스트, 멋진 파이썬 도구도 살펴볼 것입니다.

이 책이 출간돼 세상에 나올 수 있도록 도움을 주신 권성준 사장님과 황영주 상무님, 조유나 편집자님을 비롯한 에이콘출판사의 모든 가족께 감사의 말씀을 전합니다. 또한 저의 동료인 캐롯손해보험 일반보험업무팀 여러분에게도 감사합니다. 저의 부족함을 그분들의 노력으로 채웠기에 이 책이 세상에 나올 수 있었습니다. 마지막으로, 곁에서 힘이 돼주는 아내와 항상 아빠, 엄마를 사랑해주는 귀염둥이 딸 지우, 아들 시혁, 그리고 양가 부모님께 감사드립니다.

차례

들어가며

파이썬^{Python}은 오늘날 가장 인기 있는 언어 중 하나다. 웹 개발, 과학 연구와 같은 전통적인 분야 외에 데이터 과학, AI, 로봇공학, 데이터 분석과 같은 비교적 새로운 분야에서도 파이썬을 사용하고 있다. 파이썬과 같은 동적 언어로 코드를 작성하는 프로그래머는 코드의 품질이 높고 오류가 없는지 확인하는 것이 점점 더 중요해지고 있다. 파이썬 개발자는 개발 중인 소프트웨어가 예산을 초과하거나 릴리스^{release}하지 않고도 사용자를 만족시킬 수 있는지 확인하려 한다.

파이썬은 단순한 언어지만, 더 나은 파이썬 코드를 작성하는 방법을 가르치는 리소스^{resource}가 많지 않으므로 파이썬으로 훌륭한 코드를 작성하기는 어렵다.

현재 파이썬 세계에서는 코드 일관성$^{code\ consistency}$, 패턴, 좋은 파이썬 코드에 대한 개발자 간의 공통적인 이해가 부족하다. 모든 파이썬 프로그래머에게서 훌륭한 파이썬 코드는 각기 다른 의미를 가진다. 파이썬이 너무 많은 분야에서 사용되고 있으므로 개발자들 사이에서 특정 패턴에 대한 합의를 이끌어내기가 어렵기 때문이다. 게다가 파이썬은 자바^{Java}나 루비^{Ruby}와 달리 '클린 코드$^{clean\ code}$'에 관한 책이 존재하지도 않는다. 훌륭한 파이썬 사례를 명확하게 보여주고자 이런 종류의 책을 작성하려는 시도가 있었지만, 시도 자체도 그다지 많지 않았고 솔직히 말해 품질 자체도 만족스럽지 않았다.

이 책의 주목적은 다양한 수준의 파이썬 개발자에게 더 나은 파이썬 소프트웨어와 프로그램을 작성할 수 있는 팁을 제공하는 것이다. 이 책은 파이썬을 사용하는 분야에 관계없이 다양한 기술을 제공한다. 기본에서 고급까지 모든 수준의 파이썬을 다루며 좀 더 파이써닉^{Pythonic}하게 코드를 작성하는 법을 소개한다.

소프트웨어 작성은 과학이 아니라 예술이다. 이 책에서는 더 나은 파이썬 프로그래머가 되는 방법을 살펴본다.

예제 코드 다운로드

이 책에 사용된 소스 코드는 에이프레스 깃허브 저장소(https://github.com/Apress/clean-python)와 에이콘출판사의 깃허브 저장소(https://github.com/AcornPublishing/clean-python)에서 다운로드할 수 있다.

문의

한국어판에 관한 질문이 있다면 에이콘출판사 편집 팀(editor@acornpub.co.kr)이나 옮긴이의 이메일로 문의하길 바란다.

1장

파이써닉으로 생각하기

파이썬이 다른 언어와 구분되는 한 가지 특징은 깊이가 있는 단순한 언어라는 점이다. 특히 큰 프로젝트에서는 코드가 복잡하고 비대해지기 쉬우므로 코드를 간단하고 신중하게 작성하는 것이 무엇보다 중요하다. 파이썬 프로그래밍과 관련해 자주 언급되는 '파이썬의 선Zen of Python'이라는 철학이 있는데, 이는 복잡성보다 단순함을 강조한다.[1]

1장에서는 파이썬 코드를 더 읽기 쉽고 간단하게 만드는 데 도움이 되는 몇 가지 일반적인 방법을 살펴본다. 잘 알려진 사례와 잘 알려지지 않은 사례를 다룰 것이며, 다음 프로젝트를 작성하거나 현재 프로젝트를 수행하는 동안 코드를 개선할 수 있도록 이러한 파이썬 사례를 잘 알고 있는지 확인한다.

노트 '파이썬의 선' 철학에 따르는 파이썬 세계는 여러분의 코드를 파이써닉(Pythonic)으로 만든다. 파이썬 공식 문서에서는 코드를 더 분명하고 읽기 쉽게 만들기 위해 권장하는 많은 좋은 사례가 있다. PEP8 가이드를 읽으면 이러한 사례가 권장되는 이유를 이해하는 데 도움이 될 것이다.

---

1 https://www.python.org/dev/peps/pep-0020/

파이써닉 코드 작성

파이썬은 PEP8이라는 공식 문서를 갖고 있는데, PEP8은 파이써닉 코드 작성의 모범 사례를 정의한다. 이 스타일 가이드는 시간이 지남에 따라 발전했으며 https://www.python.org/dev/peps/pep-0008/에서 살펴볼 수 있다.

1장에서는 PEP8에서 정의된 몇 가지 일반적인 사례에 중점을 두고, 이러한 규칙을 따르면 개발자로서 어떤 이점을 얻을 수 있는지 살펴본다.

네이밍

나는 개발자로서 자바^{Java}, 노드JS^{NodeJS}, 펄^{Perl}, 고랭^{Golang} 등과 같은 다양한 언어를 사용해 작업해왔는데, 이 모든 언어에는 변수^{variable}, 함수^{function}, 클래스^{class} 등에 대한 명명 규칙$^{naming\ convention}$이 있다. 마찬가지로 파이썬도 명명 규칙을 사용하도록 권장한다. 이번 절에서는 파이썬 코드를 작성하는 동안 따라야 하는 명명 규칙을 살펴본다.

변수와 함수

소문자로 함수와 변수의 이름을 밑줄로 구분된 단어로 지정하면 가독성을 향상시킬 수 있다. 예제 1-1을 살펴보자.

예제 1-1 변수 이름

```
names = "Python" # 변수 이름
job_title = "Software Engineer" # 밑줄로 구분한 변수 이름
populated_countries_list = [] # 밑줄로 구분한 변수 이름
```

코드는 논맹글링$^{non-mangling}$ 메서드 이름을 사용하는 것과 한 개의 밑줄(_)이나 두 개의 밑줄(__)을 사용하는 것도 고려해야 한다. 예제 1-2를 살펴보자.

```
_books = {} # 프라이빗(private)으로 정의한 변수 이름
__dict = [] # 파이썬 내장 lib로 네임 맹글링(name mangling) 방지
```

클래스의 내부 변수에 대한 접두사로 한 개의 밑줄(_)을 사용해야 하며, 외부 클래스가 변수를 액세스하지 않도록 해야 한다. 이것은 단지 약속된 규칙이다. 파이썬은 단일 밑줄 접두사 private으로 변수를 만들지 않는다.

파이썬은 예제 1-3과 같이 함수에서도 규칙을 가진다.

예제 1-3 일반 함수 이름

```
# 한 개의 밑줄로 구성한 함수 이름
def get_data():
    ---
    ---
def calculate_tax_data():
    ---
```

내장 파이썬 함수로 네임 맹글링을 방지하려는 프라이빗 메서드와 일반 메서드에도 동일한 규칙이 적용된다. 예제 1-4를 살펴보자.

예제 1-4 프라이빗 메서드와 논맹글링을 나타내는 함수 이름

```
# 한 개의 밑줄이 있는 프라이빗 메서드
def _get_data():
    ---
    ---

# 여러 내장 함수와 네임 맹글링을 방지하는 두 개의 밑줄
def __path():
    ----
    ----
```

이러한 네이밍^{naming} 규칙을 따르는 것뿐만 아니라 함수나 변수에 모호한 이름을 사용하는 대신 특정 이름을 사용하는 것도 중요하다.

사용자 ID가 제공되는 경우 user 객체를 반환하는 함수를 살펴본다. 예제 1-5를 살펴보자.

예제 1-5 함수 이름

```
# 잘못된 방법
def get_user_info(id):
    db = get_db_connection()
    user = execute_query_for_user(id)
    return user

# 올바른 방법
def get_user_by(user_id):
    db = get_db_connection()
    user = execute_user_query(user_id)
    return user
```

여기서 두 번째 함수 get_user_by는 함수의 올바른 컨텍스트를 제공하는 변수를 전달하는 데 동일한 어휘를 사용하고 있는지 확인한다. 첫 번째 함수 get_user_info는 매개변수^{parameter} id가 무엇이든 의미할 수 있기 때문에 모호하다. id는 사용자 테이블 인덱스 ID나 사용자 지불 ID, 또는 다른 ID인가? 이러한 코드는 API를 사용하는 여러 개발자에게 혼동을 줄 수 있다. 이 문제를 해결하기 위해 두 번째 함수에서 두 가지를 수정했다. 함수 이름을 변경하고 인자^{argument} 이름을 전달해 코드를 훨씬 쉽게 읽을 수 있도록 만들었다. 두 번째 함수를 읽으면 함수의 목적과 함수의 예상 값을 바로 알 수 있다.

개발자는 다른 개발자가 코드를 쉽게 읽을 수 있도록 변수와 함수의 이름을 신중하게 네이밍해야 한다.

클래스

클래스의 이름은 대부분의 다른 언어와 마찬가지로 카멜 케이스camel case여야 한다.
예제 1-6은 간단한 예를 보여준다.

예제 1-6 클래스 이름

```
class UserInformation:
    def get_user(id):
        db = get_db_connection()
        user = execute_query_for_user(id)
        return user
```

상수

상수 이름은 대문자로 정의한다. 예제 1-7을 살펴보자.

예제 1-7 상수 이름

```
TOTAL = 56
TIMOUT = 6
MAX_OVERFLOW = 7
```

함수 및 메서드 인자

함수 및 메서드 인자는 변수 및 메서드 이름과 동일한 규칙을 따라야 한다. 클래스 메
서드는 키워드 매개변수로 self를 전달하지 않는 함수와 비교해 첫 번째 키워드 인자
로 self를 가진다. 예제 1-8을 살펴보자.

예제 1-8 함수 및 메서드 인자

```
def calculate_tax(amount, yearly_tax):
    ----


class Player:
    def get_total_score(self, player_name):
        ----
```

코드 표현과 구문

여러분은 어느 시점에서 라인을 축약하거나 동료들이 인상적으로 느낄 말한 영리한 방법의 코드를 작성하려고 시도해봤을 것이다. 하지만 영리한 코드를 작성하는 것은 가독성과 단순성에서 또 다른 문제가 발생한다. 예제 1-9의 중첩 딕셔너리dictionary 정렬 코드를 살펴보자.

예제 1-9 중첩 딕셔너리 정렬

```
users = [{"first_name":"Helen", "age":39},
         {"first_name":"Buck", "age":10},
         {"first_name":"anni", "age":9}
        ]
users = sorted(users, key=lambda user: user["first_name"].lower())
```

이 코드의 문제점은 무엇인가?

자세히 살펴보면, 한 라인에서 람다를 사용해 이 중첩 딕셔너리를 first_name으로 정렬하고 있으므로 루프loop를 사용하는 대신 딕셔너리를 정렬하는 영리한 방법처럼 보인다.

그러나 람다lambda는 기발한 구문 때문에 이해하기 쉬운 개념이 아니므로, 특히 새로운 개발자가 언뜻 봐서는 그 코드를 이해하기가 쉽지 않다. 물론, 영리한 방법으로 딕셔너리를 정렬할 수 있으므로 람다를 사용하면 라인 수를 줄일 수 있다.

하지만 람다는 이 코드를 정확하거나 읽기 쉽게 만들지 않는다. 이 코드는 키 누락이나 딕셔너리의 정확성 여부 같은 문제를 해결하지 못한다.

함수를 사용해 이 코드를 재작성하고 코드를 더 읽기 쉽고 올바르게 만들자. 함수는 예상치 못한 모든 값을 확인할 것이며, 훨씬 작성하기 간단하다. 예제 1-10을 살펴본다.

```
users = [
    {"first_name": "Helen", "age": 39},
    {"first_name": "Buck", "age": 10},
    {"name": "anni", "age": 9}
    ]

def get_user_name(users):
    """사용자 이름을 소문자로 반환"""
    return users["first_name"].lower()

def get_sorted_dictionary(users):
    """중첩 딕셔너리 정렬"""
    if not isinstance(users, dict):
        raise ValueError("Not a correct dictionary")
    if not len(users):
        raise ValueError("Empty dictionary")

    users_by_name = sorted(users, key=get_user_name)
    return users_by_name
```

보다시피, 이 코드는 예상하지 못한 모든 값을 확인하고, 이전의 한 라인 코드보다 훨씬 읽기 쉽다. 한 라인 코드는 여러 라인을 한 라인으로 줄여주지만 코드에 많은 복잡성을 주입한다. 그렇다고 한 라인 코드가 나쁘다는 뜻은 아니다. 여기서 말하는 요점은 한 라인 코드가 코드를 읽는 것을 어렵게 한다면, 그것을 피하라는 것이다.

코드를 작성하면서 의식적으로 결정해야 한다. 한 라인 코드를 쓰는 것이 때로는 코드를 읽을 수 있게 해주지만, 그렇지 않을 때도 있다.

CSV 파일을 읽고 CSV 파일에서 처리되는 라인 수를 확인하는 예제를 하나 더 살펴보자. 예제 1-11의 코드는 코드를 읽을 수 있게 하는 것이 왜 중요한지, 그리고 코드를 읽을 수 있게 하는 데 네이밍이 얼마나 큰 역할을 하는지를 보여준다.

코드를 헬퍼^{helper} 함수로 세분하면, 프로덕션^{production} 코드의 특정 오류가 발생했을 때 복잡한 코드를 판독 가능하고 디버깅하기 쉽게 만드는 데 도움이 된다.

예제 1-11 CSV 파일 읽기

```python
import csv

with open('employee.csv', mode='r') as csv_file:
    csv_reader = csv.DictReader(csv_file)
    line_count = 0
    for row in csv_reader:
        if line_count == 0:
            print(f'Column names are {", ".join(row)}')
            line_count += 1
        print(f'\t{row["name"]} salary: {row["salary"]}'
              f'and was born in {row["birthday month"]}.')
        line_count += 1
    print(f'Processed {line_count} lines.')
```

여기서 코드는 with 구문으로 여러 가지 작업을 한다. 가독성을 높이기 위해 CSV 파일에서 salary가 포함된 코드를 다른 함수로 끌어내어 오류 발생 빈도를 줄일 수 있다. 여러 종류의 작업이 몇 라인에 걸쳐 진행돼 이런 종류의 코드를 디버깅하는 것은 어려우므로, 함수를 정의할 때 명확한 목표와 경계가 있는지 확인해야 한다. 이제 예제 1-12에서 더 자세히 살펴보자.

예제 1-12 더 읽기 쉬운 코드로 CSV 파일 읽기

```python
import csv

def process_salary(csv_reader):
    """csv 파일의 사용자 급여를 처리한다."""
    line_count = 0
    for row in csv_reader:
        if line_count == 0:
            print(f'Column names are {", ".join(row)}')
            line_count += 1
        print(f'\t{row["name"]} salary: {row["salary"]}')
```

```
        line_count += 1
    print(f'Completed {line_count} lines.')

with open('employee.csv', mode='r') as csv_file:
    csv_reader = csv.DictReader(csv_file)
    line_count = 0
    process_salary(csv_reader)
```

여기서 with 구문에 모든 것을 작성하는 대신 헬퍼 함수를 생성했다. 이것은 실제로
process_salary 함수가 무엇을 하는지 명확하게 한다. 특정 예외를 처리하거나 CSV
파일에서 더 많은 데이터를 읽길 원하는 경우, 이 함수를 더 분해해 단일 책임 원칙
Single Responsibility Principle(SRP)을 따를 수 있다.

코드 작성을 위한 파이써닉 방법의 수용

PEP8에는 훨씬 더 명확하고 읽기 쉽게 파이썬 코드를 작성하기 위해 따라야 할 몇 가
지 권고안이 있다. 몇 가지 사례를 살펴보자.

인플레이스 문자열 결합 대신 조인 사용

코드의 성능이 우려된다면 ""를 사용한다. a += b 또는 a = a + b와 같은 인플레이스
in-place 문자열 결합 대신 join() 메서드로 결합한다. "".join() 메서드는 다양한 파이
썬 구현에서 더 적은 시간 연계를 보장한다.

그 이유는 다음과 같다. join을 사용하면 파이썬은 결합된 문자열에 메모리를 한 번
만 할당하지만, 문자열을 연결하면 파이썬 문자열이 불변이므로 파이썬은 각 연결에
대해 새로운 메모리를 할당해야 하기 때문이다.

예제 1-13 join 메서드 사용

```
first_name = "Json"
last_name = "smart"
```

```
# 문자열 연결 시 권장하지 않는 방법
full_name = first_name + "  " + last_name

# 더 뛰어난 성능과 가독성 향상
" ".join([first_name, last_name])
```

None과 비교가 필요한 경우 is와 is not 사용

None과 비교하기 위해 항상 is나 is not을 사용한다. 다음과 같은 코드를 작성할 때 이를 명심하자.

```
if val:  # val이 None이 아니면 작동할 것이다
```

dict나 set과 같은 다른 컨테이너 타입이 아닌 val을 None으로 간주하고 있다는 것을 명심한다. 이런 타입의 코드가 여러분을 놀라게 할 수 있는 부분을 더 자세히 살펴 보자.

이전 코드에서 val은 빈 딕셔너리다. 하지만 val은 false로 간주돼 코드에서 원하지 않을 수 있으므로 이 타입의 코드를 작성하는 동안 유의한다.

추천하지 않는 방법:

```
val = {}
if val:  # 이것은 파이썬 컨텍스트에서 거짓일 것이다
```

대신에 코드를 가능한 한 명시적으로 작성해 코드에서 오류가 발생하지 않게 한다.

추천하는 방법:

```
if val is not None:  # None 값이 거짓인지 확인한다
```

not ... 대신 not 사용

not을 사용하는 것과 not ...을 사용하는 것 간에는 서로 차이가 없다. 하지만 not 문법이 not ... 문법보다 더 읽기 쉽다.

추천하지 않는 방법:

```
if not val is None:
```

추천하는 방법:

```
if val is not None:
```

식별자 바인딩 시 람다 대신 함수 사용

특정 식별자에 람다 표현식[lambda expression]을 할당할 때는 함수 사용을 고려한다. lambda는 파이썬에서 한 라인 작업을 수행하는 키워드다. 그러나 함수를 작성하기 위해 lambda를 사용하는 것은 def를 사용해 함수를 작성하는 것보다 좋지 않은 선택일 수 있다.

추천하지 않는 방법:

```
square = lambda x: x * x
```

추천하는 방법:

```
def square(val):
    return val * val
```

def square(val) 함수 객체는 제네릭[generic] <lambda>보다 문자열 표현과 트레이스백[traceback]에 더 유용하다. 이러한 사용은 람다의 유용성을 제거한다. 코드의 가독성에 영향을 주지 않도록 더 큰 표현식에서 람다를 사용하는 것을 고려한다.

return 구문의 일관성 유지

함수가 값을 반환할 것으로 예상되면, 해당 함수의 모든 실행 경로에서 값을 반환하는지 확인한다. 함수가 종료하는 모든 곳에서 리턴^{return} 표현식을 사용하는 것이 좋다. 하지만 함수가 단순히 값을 반환하지 않고 작업을 수행할 것으로 예상되면, 파이썬은 암시적으로 함수의 기본값을 None으로 반환한다.

추천하지 않는 방법:

```
def calculate_interest(principle, time, rate):
    if principle > 0:
        return (principle * time * rate) / 100


def calculate_interest(principle, time, rate):
    if principle < 0:
        return
    return (principle * time * rate) / 100
```

추천하는 방법:

```
def calculate_interest(principle, time, rate):
    if principle > 0:
        return (principle * time * rate) / 100
    else:
        return None


def calculate_interest(principle, time, rate):
    if principle < 0:
        return None
    return (principle * time * rate) / 100
```

"".startswith()와 "".endswith() 사용

접두사나 접미사를 확인해야 할 때 문자열을 자르는 대신 "".startswith()와 "".endswith()를 사용하는 것이 좋다. slice는 문자열을 자르는 데 매우 유용한 메서드이지만, 큰 문자열을 자르거나 문자열 연산을 수행할 때 더 나은 성능을 얻을 수 있다. 그러나 접두사나 접미사를 확인하는 것과 같은 간단한 작업을 수행하는 경우, 문자열에서 접두사나 접미사를 확인하는 것이 분명하므로 startswith나 endswith 중 하나를 사용한다. 즉, 코드를 좀 더 읽기 쉽고 명확하게 만든다.

추천하지 않는 방법:

```
data = "Hello, how are you doing?"
if data[:5] == "Hello":
```

추천하는 방법:

```
data = "Hello, how are you doing?"
if data.startswith("Hello")
```

비교 시 type() 대신 isinstance() 메서드 사용

두 객체의 타입을 비교할 때 서브클래스[subclass]의 경우 isinstance()가 참[true]이므로 type 대신 isinstance()를 사용하는 것이 좋다. orderdict와 같은 dict의 서브클래스가 데이터 구조를 전달하는 시나리오를 생각해보자. 특정 타입의 데이터 구조에서 type()은 실패할 것이다. 그러나 isinstance()는 dict의 서브클래스임을 인식할 것이다.

추천하지 않는 방법:

```
user_ages = {"Larry": 35, "Jon": 89, "Imli": 12}
if type(user_ages) == dict:
```

추천하는 방법:

```
user_ages = {"Larry": 35, "Jon": 89, "Imli": 12}
if isinstance(user_ages, dict):
```

불리언 값을 비교하는 파이써닉 방법

파이썬에는 불리언[Boolean] 값을 비교하는 여러 가지 방법이 있다.

추천하지 않는 방법:

```
if is_empty == False:
if is_empty is False:
```

추천하는 방법:

```
is_empty = False
if is_empty:
```

컨텍스트 매니저를 위한 명시적 코드 작성

with 구문으로 코드를 작성하는 경우, 획득 및 릴리스와 구별되는 모든 작업을 수행하기 위해 함수 사용을 고려한다.

추천하지 않는 방법:

```python
class NewProtocol:
    def __init__(self, host, port, data):
        self.host = host
        self.port = port
        self.data = data

    def __enter__(self):
        self._client = socket()
        self._client.connect((self.host, self.port))
        self._transfer_data()

    def __exit__(self, exception, value, traceback):
        self._receive_data()
        self._client.close()

    def _transfer_data(self):
```

```
        ---

    def _receive_data(self):
        ---


con = NewProtocol(host, port, data)
with con:
    con._transfer_data()
```

추천하는 방법:

```
# 연결
class NewProtocol:
    def __init__(self, host, port):
        self.host = host
        self.port = port

    def __enter__(self):
        self._client = socket()
        self._client.connect((self.host, self.port))

    def __exit__(self, exception, value, traceback):
        self._client.close()

    def transfer_data(self, payload):
        ...

    def receive_data(self):
        ...


with NewProtocol(host, port):
    transfer_data()
```

두 번째 구문에서 파이썬의 __enter__와 __exit__ 메서드는 연결을 열고 닫는 것 외
에 몇 가지 작업을 한다. 연결을 획득하고 닫지 않는 다른 작업을 수행하려면 명시적
으로 다른 함수를 사용하는 것이 좋다.

린팅 도구를 사용한 파이썬 코드 개선

코드 린터^{code linter}는 코드를 일관되게 형식화하는 중요한 도구다. 프로젝트 전반에서는 일관된 코드 형식을 유지하는 것이 중요하다.

린팅 도구^{linting tool}는 기본적으로 이러한 문제를 해결한다.

- 구문 오류
- 미사용 변수 또는 정확한 인자를 함수에 전달하는 구조
- PEP8 가이드라인 위반 사항 지적

린팅 도구를 사용하면 런타임에 문제를 찾아내 많은 시간을 절약할 수 있으므로, 개발자가 훨씬 생산적으로 작업할 수 있다. 파이썬에는 여러 가지 린팅 도구가 있다. 일부 도구는 코드 품질의 독스트링^{docstring} 스타일과 같은 린팅의 특정 부분을 다루고, Flake8/Pylint와 같은 인기 있는 파이썬 린팅 도구는 모든 PEP8 규칙을 확인하고, mypy와 같은 도구는 특히 파이썬 타입을 확인한다.

코드에 모든 것을 통합하거나 표준 검사를 포함하는 것을 사용해 PEP8 스타일 가이드를 따르고 있는지 확인할 수 있다. 가장 주목할 만한 것은 Flake8과 Pylint다. 어떤 도구를 사용하든 PEP8의 규칙을 준수하는지 확인한다.

린팅 도구는 몇 가지 기능을 갖고 있다.

- PEP8 규칙 준수
- 임포트^{import} 순서
- 네이밍(변수, 함수, 클래스, 모듈, 파일 등과 같은 파이썬 네이밍)
- 순환 임포트^{circular import}
- 코드 복잡도(라인 수, 루프, 기타 매개변수를 확인해 함수의 복잡도 확인)
- 맞춤법 검사
- 독스트링 스타일 검사

린터를 실행할 수 있는 방법은 여러 가지가 있다.

- IDE를 사용한 프로그래밍 시간에 실행
- 사전 커밋 도구를 사용한 커밋 시간에 실행
- 젠킨스^{Jenkins}, 써클CI^{CircleCI} 등으로 통합된 CI 시간에 실행

노트 독자들의 코드를 확실히 향상시킬 수 있는 일반적인 사례다. 파이썬 모범 사례를 최대한 활용하려면 PEP8 공식 문서를 살펴본다. 깃허브(GitHub)의 좋은 코드를 읽으면, 더 나은 파이썬 코드를 작성하는 방법을 이해하는 데 도움이 될 것이다.

독스트링 사용

독스트링은 파이썬에서 코드를 문서화하는 강력한 방법이다. 독스트링은 일반적으로 메서드, 클래스, 모듈의 시작 부분에 작성된다. 독스트링은 해당 객체의 __doc__ 특수 속성이 된다.

파이썬 공식 언어는 독스트링을 작성하기 위해 """삼중 큰따옴표"""를 사용하는 것을 추천한다. 이와 관련된 사례는 PEP8 공식 문서에서 찾을 수 있다. 파이썬 코드에서 독스트링을 작성하는 모범 사례를 간략히 살펴본다. 예제 1-14를 살펴보자.

예제 1-14 독스트링을 사용한 함수

```
def get_prime_number():
    """1에서 100 사이의 소수 목록을 가져온다."""
```

파이썬에서는 독스트링을 작성하는 특별한 방법을 추천한다. 독스트링을 작성하는 방법은 여러 가지가 있는데, 1장의 뒷부분에서 다룰 것이다. 그러나 모든 타입은 몇 가지 공통 규칙을 따른다. 파이썬은 다음과 같은 규칙을 정의했다.

- 문자열이 한 라인에 있어도 삼중 따옴표^{triple quotes}가 사용된다. 이 방법은 확장하려는 경우 유용하다.
- 삼중 따옴표의 문자열 전후에 빈 라인이 없어야 한다.
- 마침표(.)를 사용해 독스트링에서 구문을 종료한다.

마찬가지로 파이썬 멀티라인 독스트링^{multiline docstring} 규칙을 적용해 멀티라인 독스트링을 작성할 수 있다. 독스트링을 멀티라인으로 작성하는 것은 코드를 좀 더 설명적인 방식으로 문서화하는 한 가지 방법이다. 모든 라인에 주석을 사용하는 대신 파이썬 멀티라인 독스트링을 사용해 파이썬 코드에 서술적인 독스트링을 작성할 수 있다. 여러 개발자가 길고 지루해 보이는 문서를 읽지 않고도 코드 자체에서 문서를 찾을 수 있도록 도와준다. 예제 1-15를 살펴보자.

예제 1-15 멀티라인 독스트링

```
def call_weather_api(url, location):
    """특정 위치의 날씨를 얻는다.

    날씨 API와 위치를 사용해 날씨를 확인하고자 날씨 API를 호출한다.
    도시 이름만 제공할 수 있도록 하고, 국가 및 카운티 이름은
    허용되지 않을 것이며 도시 이름을 찾지 못하면 예외를 발생시킬 것이다.

    :param url: 날씨를 얻기 위한 api URL
    :type url: str
    :param location: 날씨를 확인하려는 도시 위치
    :type location: str
    :return: 주어진 위치의 날씨 정보를 반환한다.
    :rtype: str
    """
```

여기서 주목해야 할 몇 가지 사항이 있다.

- 첫 번째 라인은 함수나 클래스에 대한 간략한 설명이다.
- 라인의 끝부분에 마침표가 있다.

- 간단한 설명과 독스트링의 요약 사이에 한 라인의 간격이 있다.

예제 1-16에서 확인할 수 있듯이 typing 모듈로 파이썬 3를 사용하는 경우 동일한 함수를 작성할 수 있다.

예제 1-16 typing과 멀티라인 독스트링

```
def call_weather_api(url: str, location: str) -> str:
    """특정 위치의 날씨를 얻는다.

    날씨 API와 위치를 사용해 날씨를 확인하고자 날씨 API를 호출한다.
    도시 이름만 제공할 수 있도록 하고, 국가 및 카운티 이름은
    허용되지 않을 것이며 도시 이름을 찾지 못하면 예외를 발생시킬 것이다.
    """
```

파이썬 코드에서 타입을 사용하는 경우 매개변수 정보를 작성할 필요가 없다.

다양한 독스트링 타입에 대해 언급했듯이 새로운 스타일의 독스트링은 여러 소스에서 수년에 걸쳐 도입됐다. 더 이상 독스트링을 작성할 때 권장할 만한 방법은 없다. 하지만 프로젝트 전반에서 독스트링에 대해 동일한 스타일을 사용해야 일관된 형식을 유지할 수 있다.

독스트링을 작성하는 네 가지 방법이 있다.

- 다음은 구글^{Google} 독스트링 예제다.

```
"""주어진 url을 호출한다.

Parameters:
    url (str): 호출 url 주소

Returns:
    dict: url api 응답
"""
```

- 다음은 재구성된 텍스트 예제다(공식 파이썬 문서는 이 방식을 권장한다).

```
""" 주어진 url을 호출한다.

:param url: 호출 Url
:type url: str
:returns: url api 응답
:rtype: dict
"""
```

- 다음은 NumPy/SciPy 독스트링 예제다.

```
""" 주어진 url을 호출한다.

Parameters
----------
url : str
    호출 URL

Returns
-------
dict
    url 응답
"""
```

- 다음은 Epytext 예제다.

```
"""특정 api를 호출한다.

@type url: str
@param file_loc: 주어진 url 호출
@rtype: dict
@returns: 호출된 api 응답
"""
```

모듈 레벨 독스트링

모듈의 사용법을 간략히 설명하기 위해 파일의 맨 위에 모듈 레벨 독스트링module-level docstring을 위치시킨다. 이 주석은 import 전에도 있어야 한다. 모듈 독스트링은 특정 메서드나 클래스에 대해 말하는 것이 아니라 모듈의 모든 메서드/클래스를 포함해 모듈의 목표를 살펴봐야 한다. 메서드나 클래스가 모듈을 사용하기 전에 클라이언트에서 하이 레벨high level로 알려질 필요가 있다고 생각되는 경우, 특정 메서드나 클래스를 간단하게 지정할 수 있다. 예제 1-17을 살펴보자.

예제 1-17 모듈 독스트링

```
"""
이 모듈은 모든 네트워크 관련 요청을 포함한다. 이 모듈은 네트워크를 호출하는 동안 모든 예외를 검사하고 알 수 없
는 예외에 대한 예외를 발생시킨다. 이 모듈을 사용할 때 클라이언트 코드에서 이러한 예외를 처리한다.
네트워크 호출을 위한 NetworkError 예외.
네트워크를 찾을 수 없는 경우 NetworkNotFound 예외.
"""

import urllib3
import json


....
```

모듈을 위한 독스트링을 작성할 때 다음을 고려해야 한다.

- 모듈의 목적에 대한 간단한 설명을 작성한다.
- 예제 1-15처럼 모듈에 대해 알아야 할 정보를 확인하기 위한 예외 정보를 추가할 수 있지만, 너무 자세하게 다루지 않도록 주의한다.
- 모든 함수 또는 클래스 연산의 세부 사항을 살펴보지 않고 모듈의 설명 정보를 제공하는 방법으로 모듈 독스트링을 고려한다.

클래스 독스트링 생성

클래스 독스트링은 주로 클래스의 사용과 전체적인 목표를 간략하게 설명하는 데 사용된다. 클래스 독스트링을 작성하는 방법을 알아보기 위해 몇 가지 예제를 살펴보자. 예제 1-18을 참조한다.

예제 1-18 싱글 라인 독스트링

```python
class Student:
    """이 클래스는 학생이 수행한 작업을 처리한다."""

    def __init__(self):
        pass
```

이 클래스에는 싱글 라인 독스트링이 있으며, 그것은 Student 클래스를 간략하게 설명한다. 앞서 설명한 대로 싱글 라인에 대한 모든 규칙을 따라야 한다.

예제 1-19에서 클래스의 멀티라인 독스트링을 살펴보자.

예제 1-19 멀티라인 클래스 독스트링

```python
class Student:
    """Student 클래스 정보

    이 클래스는 학생이 수행한 작업을 처리한다.
    이 클래스는 학생의 성명, 나이, 롤 번호와 기타 정보를 제공한다.

    사용법:
    import student

    student = student.Student()
    student.get_name()
    >>> 678998
    """

    def __init__(self):
        pass
```

이 클래스 독스트링은 멀티라인이다. Student 클래스의 사용법과 사용 예제를 좀 더 작성했다.

함수 독스트링

함수 독스트링은 함수 뒤 또는 함수의 맨 위에 작성할 수 있다. 함수 독스트링은 주로 함수의 연산을 설명한다. 파이썬 타이핑^{typing}을 사용하지 않는 경우, 예제 1-20을 참고해 매개변수를 포함하는 것을 고려한다.

예제 1-20 함수 독스트링

```
def is_prime_number(number):
    """소수를 확인한다.

    주어진 수의 제곱근보다 작은 모든 수를 확인해 주어진 수가 소수인지 아닌지 확인한다.

    :param number: 소수인지 검사하기 위해 주어진 숫자
    :type number: int
    :return: 만약 소수이면 True, 그렇지 않으면 False
    :rtype: boolean
    """
```

유용한 독스트링 도구

파이썬에는 많은 독스트링 도구가 있다. 독스트링 도구는 독스트링을 HTML 형식의 문서 파일로 변환해 파이썬 코드를 문서화하는 데 도움이 된다. 이 도구는 수동으로 문서를 유지하는 대신 간단한 명령을 실행해 문서를 업데이트하는 데도 도움이 된다. 또한 개발 흐름의 일부로 만들면 장기적으로 훨씬 유용하다.

몇 가지 유용한 문서 도구가 있다. 모든 문서 도구는 서로 다른 목표가 있으므로 선택하는 도구는 사용 사례에 따라 다르다.

- Sphinx: http://www.sphinx-doc.org/en/stable/
  파이썬에서 가장 많이 사용되는 문서 도구다. 이 도구는 파이썬 문서를 자동으로 생성할 것이다. 다중 형식 문서 파일을 생성할 수 있다.
- Pycco: https://pycco-docs.github.io/pycco/
  파이썬 코드를 위한 문서를 빠르게 생성하는 방법이다. 이 도구의 주요 기능은 코드와 문서를 나란히 표시하는 것이다.
- Read the docs: https://readthedocs.org/
  오픈소스 커뮤니티에서 널리 사용되는 도구다. 주요 기능은 문서를 만들고, 버전을 만들고, 호스팅하는 것이다.
- Epydocs: http://epydoc.sourceforge.net/
  이 도구는 독스트링을 기반으로 하는 파이썬 모듈 API 문서를 생성한다.

이러한 도구를 사용하면, 장기적으로 코드를 쉽게 유지할 수 있으며 코드 문서의 일관된 형식을 유지하는 데 도움이 된다.

노트 독스트링은 파이썬의 훌륭한 기능이며 코드를 문서화하기가 쉽다. 가능한 한 빨리 코드에서 독스트링을 사용하기 시작하면, 프로젝트가 수천 라인 수준의 코드 규모로 커졌을 때 많은 시간을 투자할 필요가 없도록 할 것이다.

파이써닉 제어 구조 작성

제어 구조control structure는 모든 프로그래밍 언어의 기본 부분이며, 파이썬에서도 마찬가지다. 파이썬에는 제어 구조를 작성하는 여러 가지 방법이 있지만, 파이썬 코드를 좀 더 명확하게 유지할 수 있는 몇 가지 모범 사례가 있다. 이번 절에서는 제어 구조에 대한 파이썬의 모범 사례를 다룬다.

리스트 컴프리헨션 사용

리스트 컴프리헨션[list comprehension]은 파이썬 for 루프와 비슷한 방식으로 기존의 문제를 해결하는 코드를 작성하는 방법이지만, if 조건이 있거나 없는 리스트[list] 내에서 수행할 수 있다. 파이썬에서는 다른 리스트로부터 리스트를 파생하는 여러 가지 방법이 있다. 이를 수행하기 위한 파이썬의 주요 도구는 filter와 map 메서드다. 그러나 리스트 컴프리헨션은 map과 filter 같은 다른 옵션과 비교해 코드를 훨씬 쉽게 읽을 수 있도록 해준다.

이 예제에서는 map으로 숫자의 제곱을 찾으려고 한다.

```
numbers = [10, 45, 34, 89, 34, 23, 6]
square_numbers = map(lambda num: num**2, numbers)
```

다음은 리스트 컴프리헨션이다.

```
square_numbers = [num**2 for num in numbers]
```

모든 참 값에 필터[filter]를 사용하는 또 다른 예제를 살펴보자. 다음은 filter 버전이다.

```
data = [1, "A", 0, False, True]
filtered_data = filter(None, data)
```

다음은 리스트 컴프리헨션 버전이다.

```
filtered_data = [item for item in data if item]
```

알다시피, 리스트 컴프리헨션 버전은 filter와 map 버전에 비해 훨씬 더 읽기 쉽다. 공식 파이썬 문서는 filter와 map 대신에 리스트 컴프리헨션을 사용할 것을 권장한다.

for 루프에 복잡한 조건이나 복잡한 계산이 없는 경우 리스트 컴프리헨션 사용을 고려한다. 그러나 루프에서 많은 작업을 하는 경우에는 가독성을 위해 루프를 사용하는 것이 좋다.

for 루프를 통해 리스트 컴프리헨션을 사용하는 방법을 더 자세히 설명하기 위해 문자^{character} 리스트에서 모음을 식별하는 예제를 살펴보자.

```python
list_char = ["a", "p", "t", "i", "y", "l"]
vowel = ["a", "e", "i", "o", "u"]
only_vowel = []
for item in list_char:
    if item in vowel:
        only_vowel.append(item)
```

다음은 리스트 컴프리헨션을 사용하는 예제다.

```python
[item for item in list_char if item in vowel]
```

보다시피, 이 예제는 루프를 사용할 때보다 리스트 컴프리헨션을 사용할 때 코드 라인이 훨씬 더 읽기 쉽다. 또한 루프는 매번 리스트에 item을 추가해야 하므로 성능 저하가 발생할 수 있는데, 리스트 컴프리헨션은 그렇지 않다.

마찬가지로, 리스트 컴프리헨션과 달리 filter와 map 함수는 함수를 호출하는 데 추가적인 고려 사항이 생긴다.

복잡한 리스트 컴프리헨션 생성 금지

리스트 컴프리헨션이 너무 복잡하면 코드 가독성도 저하시키고 오류를 쉽게 유발할 수 있으므로 확인이 필요하다. 리스트 컴프리헨션을 사용하는 또 다른 예제를 살펴보자. 리스트 컴프리헨션은 하나의 조건을 가진 최대 두 개의 루프에 적합하다. 그 외에도 코드의 가독성을 저하시킬 수 있다.

행렬^{matrix}을 변경하려는 다음과 같은 예제가 있다.

```
matrix = [[1,2,3],
          [4,5,6],
          [7,8,9]]
```

그리고 이 행렬을 다음과 같이 변환한다.

```
matrix = [[1,4,7],
          [2,5,8],
          [3,6,9]]
```

리스트 컴프리헨션을 사용해 다음과 같이 작성할 수 있다.

```
return [[ matrix[row][col] for row in range(0, height) ] for col in range(0, width) ]
```

여기서 코드를 쉽게 이해할 수 있기 때문에 리스트 컴프리헨션을 사용하는 것이 좋다. 또한 다음과 같이 더 나은 형식으로 코드를 작성하려고 할 수도 있다.

```
return [[ matrix[row][col]
        for row in range(0, height) ]
        for col in range(0, width) ]
```

다음과 같이 여러 개의 if 조건이 있다면 리스트 컴프리헨션 대신 루프를 사용하는 것을 고려할 수 있다.

```
ages = [1, 34, 5, 7, 3, 57, 356]
old = [age for age in ages if age > 10 and age < 100 and age is
not None]
```

여기서는 한 라인에 많은 일이 일어나는데, 읽기 어렵고 오류가 발생하기 쉽다. 따라서 리스트 컴프리헨션을 사용하는 대신 for 루프를 사용하는 것이 좋다.

이 코드를 작성하는 방법은 다음과 같다.

```
ages = [1, 34, 5, 7, 3, 57, 356]
old = []
for age in ages:
    if age > 10 and age < 100:
        old.append(age)
print(old)
```

보다시피 더 많은 코드 라인이 있지만 읽기 쉽고 명확하다.

따라서 좋은 경험 법칙은 리스트 컴프리헨션부터 시작해서 표현이 복잡해지기 시작하거나 가독성이 떨어지기 시작하면 루프를 사용해 변환하는 것이다.

노트 명확하게 리스트 컴프리헨션을 사용하면 코드를 향상시킬 수 있다. 그러나 리스트 컴프리헨션의 과도한 사용은 코드의 가독성을 저하시킬 수 있다. 따라서 하나 이상의 조건이나 루프일 수 있는 복합 구문을 작성할 때는 리스트 컴프리헨션의 사용을 자제한다.

람다를 사용해야 하는가?

함수를 대체할 방법으로 표현식에 도움이 되는 람다를 사용하는 것을 고려할 수 있다. 예제 1-21를 살펴보자.

예제 1-21 할당 없는 람다 사용

```
data = [[7], [3], [0], [8], [1], [4]]

def min_val(data):
    """데이터 리스트에서 최솟값을 찾는다."""
    return min(data, key=lambda x:len(x))
```

여기서 코드는 최솟값을 찾기 위해 람다를 일회용 함수로 사용하고 있다. 하지만 람다를 이와 같은 익명^{anonymous} 함수로 사용하지 않는 것을 권한다.

```
min_val = min(data, key=lambda x: len(x))
```

여기서 min_val은 람다 표현식을 사용해 계산되고 있다. 람다 표현식을 함수로 사용하면 def의 기능을 복제한 것이고, 이는 작업을 일률적으로 하는 파이썬 철학^{Python philosophy}을 위반한다.

PEP8 문서는 람다를 다음과 같이 말한다.

> 람다 표현식을 직접 이름에 바인딩하는 대입문(assignment statement) 대신 항상 def 구문을 사용한다.
>
> 참:
>
> ```
> def f(x): return 2*x
> ```
>
> 거짓:
>
> ```
> f = lambda x: 2*x
> ```
>
> 첫 번째 형식은 결과 함수 객체의 이름이 제네릭 '⟨lambda⟩' 대신 구체적으로 'f'라는 것을 의미한다. 일반적으로는 트레이스백과 문자열 표현에 더 유용하다. 대입문을 사용하면 람다 표현식이 명시적 def 구문을 통해 제공할 수 있는 유일한 이점이 제거된다(즉, 더 큰 표현식에 포함될 수 있다).

제너레이터와 리스트 컴프리헨션을 사용해야 하는 경우

제너레이터^{generator}와 리스트 컴프리헨션 간의 주요 차이점은 리스트 컴프리헨션은 데이터를 메모리에 보관하지만 제너레이터는 보관하지 못한다는 것이다.

다음과 같은 경우에 리스트 컴프리헨션을 사용한다.

- 리스트를 여러 번 반복해야 하는 경우
- 제너레이터에서 사용할 수 없는 데이터를 메서드로 나열해야 하는 경우
- 반복할 대용량 데이터가 없고 데이터를 메모리에 보관하는 것은 문제가 되지 않는다고 생각하는 경우

예제 1-22와 같이 텍스트 파일에서 파일의 라인을 가져온다고 가정하자.

예제 1-22 문서에서 파일 읽기

```python
def read_file(file_name):
    """파일을 라인 단위로 읽는다."""
    fread = open(file_name, "r")
    data = [line for line in fread if line.startswith(">>")]
    return data
```

파일이 너무 커서 리스트에 많은 라인이 있으면, 메모리에 영향을 주고 코드를 느리게 만들 수 있다. 따라서 리스트에서 이터레이터의 사용을 고려하는 것이 좋다. 예제 1-23을 살펴본다.

예제 1-23 이터레이터를 사용해 문서에서 파일 읽기

```python
def read_file(file_name):
    """파일을 라인 단위로 읽는다."""
    with open(file_name) as fread:
        for line in fread:
            yield line

for line in read_file("logfile.txt"):
    print(line.startswith(">>"))
```

예제 1-23에서 리스트 컴프리헨션을 사용해 데이터를 메모리에 밀어 넣는 대신 한 번에 각 라인을 읽고 조치를 취한다. 그러나 리스트 컴프리헨션은 >>로 시작하는 모든 라인을 찾았는지 여부를 확인하기 위해 추가 작업을 수행할 수 있지만, 제너레이터는 매번 >>로 시작하는 라인을 찾기 위해 실행해야 한다.

두 가지 모두 파이썬의 훌륭한 기능이며, 설명처럼 사용하면 코드를 효율적으로 작성할 수 있을 것이다.

루프와 함께 else를 사용하지 않는 이유

파이썬 루프에는 else 절이 있다. 기본적으로 파이썬 for 또는 while 루프 후에 코드에서 else 절을 사용할 수 있다. else 절은 제어가 루프에서 정상적으로 종료될 경우 실행된다. 제어가 break 키워드를 가진 루프에 존재하는 경우, 제어는 코드의 else 절에 들어가지 않는다.

루프가 있는 else 절을 사용하면 혼란스러워서 많은 개발자는 이 기능을 피한다. 정상 흐름에서 if/else 조건의 특성을 고려하면 이해할 수 있다.

예제 1-24를 살펴보자. 코드는 리스트를 반복하고자 시도하고, 루프 뒤에 else 절이 있다.

예제 1-24 for 루프와 else 절

```
for item in [1, 2, 3]:
    print("Then")
else:
    print("Else")
```

결과:
```
    >>> Then
    >>> Then
    >>> Then
    >>> Else
```

언뜻 보기에 if/else 블록의 일반적인 시나리오에서 배제하는 Else를 제외한 세 개의 Then 절만 출력된다고 생각할 수 있다. 이것은 코드의 로직을 살펴보는 자연스러운 방법이다. 그러나 이 가정은 여기서 올바르지 않다. 예제 1-25처럼 while 루프를 사용하면 혼란스럽게 된다.

예제 1-25 for 루프와 else 절

```
x = [1, 2, 3]
while x:
    print("Then")
    x.pop()
else:
    print("Else")
```

결과는 다음과 같다.

```
>>> Then
>>> Then
>>> Then
>>> Else
```

여기서 while 루프는 리스트가 비어있지 않을 때까지 실행되고 이후 else 절을 실행한다.

파이썬에서는 이 기능을 사용할 이유가 있다. 하나의 주요 사용 사례는 for 루프와 while 루프 바로 뒤에 else 절을 추가해 루프가 끝난 후 추가 작업을 수행하는 것이다.

예제 1-26을 살펴보자.

예제 1-26 break와 else 절

```
for item in [1, 2, 3]:
    if item % 2 == 0:
        break
    print("Then")
```

```
else:
    print("Else")
```

결과는 다음과 같다.

```
>>> Then
```

그러나 루프 외부에서 else 절을 사용하는 대신 코드를 작성하는 더 좋은 방법이 있다. 루프에서는 break와 함께 else 절을 사용하거나 혹은 break 조건 없이 사용할 수 있다. 그러나 else 절을 사용하지 않고 동일한 결과를 얻는 방법은 여러 가지가 있다. 다른 개발자가 코드를 오해할 위험이 있으므로 루프에서 else 대신 조건을 사용해야 하며, 코드를 한눈에 이해하는 것은 좀 더 어렵다. 예제 1-27을 살펴보자.

예제 1-27 break와 else 절

```
flag = True
for item in [1, 2, 3]:
    if item % 2 == 0:
        flag = False
        break
    print("Then")
if flag:
    print("Else")
```

결과는 다음과 같다.

```
>>> Then
```

이 코드는 읽고 이해하기 쉬우므로 코드를 읽는 동안 혼동할 가능성이 없다. else 절은 코드를 작성하는 흥미로운 방법이다. 그러나 코드의 가독성에 영향을 미칠 수 있으므로 이를 피하는 것이 문제를 해결하는 더 좋은 방법일 수 있다.

파이썬 3의 range가 더 좋은 이유

파이썬 2로 작업했다면 xrange를 사용했을 것이다. 파이썬 3에서 xrange는 몇 가지 추가 기능이 있는 range로 이름이 변경됐다. range는 xrange와 비슷하며 이터러블^{iterable}을 생성한다.

```
>>> range(5)
range(0, 5) # 이터러블
>>> list(range(5))
[0, 1, 2, 3, 4] # 리스트
```

파이썬 3의 range 함수에는 몇 가지 새로운 기능이 있다. 리스트와 비교해 range가 갖는 주요 장점은 데이터를 메모리에 보관하지 않는다는 것이다. 리스트^{list}, 튜플^{tuple}, 그 외 다른 파이썬 데이터 구조와 비교하면, range는 시작, 중지, 단계 값만 저장하고 필요에 따라 값을 계산하므로 range의 크기에 관계없이 항상 작고 동일한 양의 메모리를 사용하는 불변 이터러블 객체를 나타낸다.

xrange에서는 불가능하지만 range로는 수행할 수 있는 몇 가지 기능이 있다.

- range 데이터를 비교할 수 있다.

  ```
  >>> range(4) == range(4)
  True
  >>> range(4) == range(5)
  False
  ```

- 분할 가능하다.

  ```
  >>> range(10)[2:]
  range(2, 10)
  >>> range(10)[2:7:-1]
  range(2, 7, -1)
  ```

range에는 새로운 기능이 많으며, https://docs.python.org/3.0/library/functions. html#range에서 자세한 내용을 확인할 수 있다.

또한 리스트에 비해 훨씬 빠르기 때문에 코드에서 숫자 리스트 대신 숫자로 작업해야 할 때는 range를 사용하는 것을 고려할 수 있다.

파이썬은 range와 같은 메서드를 제공하므로 숫자를 다룰 때는 루프에서 가능한 한 이터러블을 사용하는 것이 좋다.

추천하지 않는 방법:

```
for item in [0, 1, 2, 3, 4, 5, 6, 7, 8, 9]:
    print(item)
```

추천하는 방법:

```
for item in range(10):
    print(item)
```

첫 번째 루프는 성능 측면에서 훨씬 비용이 많이 들며, 이 리스트가 충분히 클 경우 메모리 상황과 리스트에서 숫자를 표시하는 것 때문에 코드가 훨씬 느려질 수 있다.

예외 발생

예외는 코드에서 오류를 보고하는 데 도움이 된다. 파이썬에서는 예외가 내장 모듈에 의해 처리된다. 예외를 잘 이해하는 것은 중요하다. 예외를 언제 어디에서 사용하는지 이해하면 코드에서 오류가 발생하는 상황을 감소시킬 수 있다.

예외는 많은 노력 없이 코드에서 오류를 노출시킬 수 있으므로 코드에 예외를 추가하는 것을 잊지 말자. 예외를 사용하면, API나 라이브러리의 사용자가 코드의 제한 사항을 이해해 코드를 사용하는 동안 이용할 수 있는 오류 메커니즘을 적용할 수 있다.

코드의 올바른 위치에서 예외를 발생시키면 다른 개발자가 코드를 이해하고 API를 사용하는 동안 서드 파티 고객을 만족시킬 수 있다.

자주 발생하는 예외

파이썬 코드에서 예외를 발생시키는 때와 위치가 궁금할 것이다.

나는 일반적으로 현재 코드 블록에 대한 근본적인 가정이 거짓[false]으로 밝혀질 때마다 예외를 발생시키는 것을 선호한다. 파이썬에서는 코드에서 실패했을 때 예외를 갖는 것을 선호한다. 계속적인 실패가 발생하면 예외를 발생시키길 원한다.

예제 1-28에서 두 숫자의 나눗셈을 한다고 가정하자.

예제 1-28 예외가 있는 숫자의 나눗셈

```
def division(dividend, divisor):
    """산술적 나눗셈을 수행한다."""
    try:
        return dividend/divisor
    except ZeroDivisionError as zero:
        raise ZeroDivisionError("Please provide greater than 0 value")
```

이 코드에서 알 수 있듯이 코드에 오류가 있을 가능성이 있다고 가정할 때마다 예외가 발생한다. 이렇게 하면 코드에 ZeroDivisionError가 있을 때마다 코드에 오류가 발생하고 다른 방법으로 처리할 수 있도록 하는 데 호출 코드가 도움이 된다. 예제 1-29를 살펴보자.

예제 1-29 예외가 없는 나눗셈

```
result = division(10, 2)
```

여기서 None을 반환한다면 무슨 일이 발생하는가?

```
def division(dividend, divisor):
```

```
"""산술적 나눗셈을 수행한다."""
try:
    return dividend/divisor
except ZeroDivisionError as zero:
    return None
```

호출자가 코드에 ZeroDivisionError가 있어도 division(dividend, divisor) 메서드 호출이 실패하지 않는 경우를 처리하지 않는 경우와 division(dividend, divisor) 메서드에서 예외가 발생해 None을 반환하는 경우, 코드 크기가 커지거나 요구 사항이 변경되면 향후 처리하기 어려울 수 있다. 호출자가 함수 실행 중에 실패한 것을 쉽게 이해할 수 있도록 실패나 예외가 발생할 경우 division(dividend, divisor) 함수에서 None을 반환하는 것을 피하는 것이 좋다. 예외가 발생하면 입력 값이 올바르지 않다는 것과 올바른 값을 제공해야 한다는 것을 호출자에게 알려야 하며, 숨겨진 버그를 피할 수 있다. 호출자의 관점에서는 단순히 반환 값을 얻기보다 예외를 얻는 것이 더 편리한데, 이는 실패가 있음을 나타내는 파이썬 스타일이다.

파이썬의 신조는 '허락을 구하는 것보다 용서를 구하는 것이 더 쉽다.'이다. 이는 예외가 발생하지 않으면 미리 확인하지 않는다는 뜻이다. 대신 예외가 발생하면 이를 처리한다.

기본적으로, 코드에서 실패의 가능성이 있다고 생각할 때마다 예외를 발생시키므로 호출 클래스는 정상적으로 처리할 수 있고 당황스럽지 않게 할 수 있다.

즉, 코드가 합리적으로 실행될 수 없다고 생각하고 아직 정답을 찾지 못했다면 예외를 발생시키는 것을 고려한다.

예외 처리에서 finally의 장점

항상 finally의 코드는 파이썬에서 실행된다. finally 키워드는 특히 리소스를 다룰 때, 예외를 처리하는 동안 유용하다. 예외가 발생했는지 여부에 관계없이 최종적으로 파일이나 리소스가 닫혔는지 또는 해제됐는지 확인하는 데 사용할 수 있다. 예외를 포착하지 못하거나 포착할 특정 예외가 없는 경우에도 마찬가지다. 예제 1-30을 살펴보자.

예제 1-30 finally 키워드 사용

```python
def send_email(host, port, user, password, email, message):
    """특정 이메일 주소로 이메일을 보낸다."""
    try:
        server = smtlib.SMTP(host=host, port=port)
        server.ehlo()
        server.login(user, password)
        server.send_email(message)
    finally:
        server.quite()
```

여기서는 로그인 과정이나 send_email 작업 수행 중에 어떤 예외가 발생한 경우, 서버 연결의 리소스를 정리하는 데 도움이 되는 finally를 사용해 예외를 처리한다.

예제 1-31과 같이 finally 키워드를 사용해 파일을 닫는 블록을 작성할 수 있다.

예제 1-31 파일을 닫기 위한 finally 키워드 사용

```python
def write_file(file_name):
    """주어진 파일을 한 라인씩 읽는다"""
    myfile = open(file_name, "w")
    try:
        myfile.write("Python is awesome") # TypeError 발생
    finally:
        myfile.close() # TypeError가 전파되기 전에 실행
```

여기서는 finally 블록 내부에서 파일을 닫는 처리를 한다. 예외 여부와 상관없이, 코드는 항상 실행돼 파일을 닫는다.

따라서 존재하는 예외와 상관없이 특정한 코드 블록을 실행하고 싶은 경우, 이를 위

해 finally를 사용하는 것을 선호해야 한다. finally를 사용하면 리소스를 현명하게 처리할 수 있을 뿐만 아니라 코드를 좀 더 명확하게 작성할 수 있을 것이다.

나만의 예외 클래스 생성

API 또는 라이브러리를 생성하거나 프로젝트 또는 API와의 일관성을 유지하기 위해 나만의 예외를 정의하려는 프로젝트에서 작업하는 경우, 나만의 예외 클래스를 생성하는 것이 좋다. 이렇게 하면 코드를 진단하거나 디버깅하는 동안 엄청난 도움이 된다. 호출자는 오류가 발생한 이유를 알 수 있으므로 코드를 좀 더 명확하게 작성하는 데 도움이 된다.

데이터베이스에서 사용자를 찾을 수 없을 때 예외를 발생시켜야 한다고 가정하자. 예외 클래스 이름이 오류의 의도를 반영하는지 확인한다. UserNotFoundError라는 이름 자체가 예외의 이유와 그 의도를 설명한다.

예제 1-32에서 살펴볼 수 있듯이 파이썬 3+에서 나만의 예외 클래스를 정의할 수 있다.

예제 1-32 특정 예외 클래스 생성

```python
class UserNotFoundException(Exception):
    """사용자를 찾을 수 없을 경우 예외를 발생시킨다."""
    def __init__(self, message=None, errors=None):
        # 필요한 매개변수로 기본 클래스 생성자 호출
        super().__init__(message)
        # 새로운 사용자 정의 코드
        self.errors = errors


def get_user_info(user_obj):
    """DB에서 사용자 정보를 얻는다."""
    user = get_user_from_db(user_obj)
    if not user:
        raise UserNotFoundException(f"No user found of this id: {user_obj.id}")
```

```
get_user_info(user_obj)
>>> UserNotFoundException: No user found of this id: 897867
```

나만의 예외 클래스를 생성할 때 이러한 예외가 설명적이고 잘 정의된 경계^{boundary}를 갖고 있는지도 확인하려고 한다. 코드가 사용자를 찾을 수 없는 위치에서만 UserNotFoundException을 사용하고 데이터베이스에서 사용자 정보를 찾을 수 없다는 사실을 호출 코드에 알리고 싶을 것이다. 사용자 정의 예외에 대한 특정 경계를 가지면 코드를 쉽게 진단할 수 있다. 코드를 살펴볼 때 코드에서 특정 예외가 발생한 이유를 정확히 알 수 있다.

네이밍을 사용해 예외 클래스에 대한 더 넓은 범위^{scope}를 정의할 수도 있지만, 예제 1-33처럼 이름은 특정 사례를 처리한다는 것을 나타내야 한다. 예제는 다양한 유효성 검사 케이스에 사용할 수 있는 ValidationError를 보여주지만, 범위는 유효성 검사와 관련된 모든 예외로 정의된다.

예제 1-33 더 넓은 범위를 가진 사용자 정의 예외 클래스 생성

```
class ValidationError(Exception):
    """유효성 검사가 실패할 때마다 예외를 발생시킨다."""
    def __init__(self, message=None, errors=None):
        # 필요한 매개변수로 기본 클래스 생성자 호출
        super().__init__(message)
        # 새로운 사용자 정의 코드
        self.errors = errors
```

이 예외는 UserNotFoundException과 비교해 훨씬 더 광범위한 범위를 가진다. 유효성 검사가 실패했거나 특정 입력에 유효한 입력이 없다고 생각할 때마다 ValidationError를 발생시킬 수 있다. 그러나 경계는 여전히 유효성 컨텍스트^{validation context}에 의해 정의된다. 그러므로 예외 범위를 알아두고, 예외 클래스의 범위에서 오류가 발견되면 예외를 발생시킨다.

특정 예외 처리

예외를 포착하는 동안 except: 절을 사용하는 대신 특정 예외만 잡는 것을 추천한다.

---

except: 혹은 except Exception은 각각의 모든 예외를 처리하며, 이로 인해 코드는 의도하지 않은 중요한 버그나 예외를 숨길 수 있다.

---

get_even_list 함수를 호출하기 위해 try/catch 블록의 except 절을 사용하는 다음 코드를 살펴보자.

추천하지 않는 방법:

```python
def get_even_list(num_list):
    """주어진 리스트에서 짝수 리스트를 얻는다."""
    # NoneType 또는 TypeError 예외를 발생시킬 수 있다
    return [item for item in num_list if item%2==0]

numbers = None
try:
    get_even_list(numbers)
except:
    print("Something is wrong")

>>> Something is wrong
```

이런 종류의 코드는 명백한 코드 버그인 NoneType 또는 TypeError와 같은 예외를 숨기며, 클라이언트 애플리케이션 또는 서비스는 '무엇인가 잘못됐습니다.'와 같은 메시지를 받는 이유를 파악하는 데 어려움을 겪을 것이다. 대신 적절한 메시지와 함께 특정 타입의 예외를 발생시키면 API 클라이언트는 그 성실함에 감사할 것이다.

코드에서 except를 사용하면 파이썬은 이를 내부적으로 except BaseException으로 간주한다. 특정 예외가 있으면 특히 더 큰 코드 베이스^{code base}에서 도움이 된다.

추천하는 방법:

```python
def get_even_list(num_list):
    """지정된 리스트에서 짝수 리스트를 얻는다."""
    # NoneType 또는 TypeError 예외를 발생시킬 수 있다
    return [item for item in num_list if item%2==0]

numbers = None
try:
    get_even_list(numbers)
except TypeError:
    print("Type error has been raised due to non sequential data type.")
```

특정 예외를 처리하면 문제를 디버깅하거나 진단하는 데 도움이 된다. 호출자는 코드가 실패한 이유를 즉시 알게 되고, 특정 예외를 처리하는 코드를 추가할 것이다. 이렇게 하면 호출과 호출자 코드의 코드 오류가 줄어든다.

PEP8 문서에 따라 예외를 처리하는 동안, 다음과 같은 경우에는 except 키워드를 사용해야 한다.

- 예외 핸들러 exception handler가 출력되거나 트레이스백을 로깅하는 경우. 적어도 사용자는 오류가 발생했다는 것을 알게 된다.
- 코드가 몇 가지 정리 작업을 해야 하지만 예외가 raise와 함께 전파되도록 하는 경우. try...finally는 이 경우를 처리하는 더 좋은 방법일 수 있다.

노트 특히 파이썬에서 특정 예외 처리는 코드를 작성하는 동안에 고려할 만한 모범 사례 중 하나다. 코드를 디버깅하는 동안 많은 시간을 절약할 수 있기 때문이다. 코드의 버그를 숨기는 대신 코드가 빠르게 실패하는지도 확인할 수 있을 것이다.

서드 파티 예외 주의

서드 파티 API를 호출하는 동안 서드 파티 라이브러리가 던진 모든 종류의 예외를 알고 있어야 한다. 모든 타입의 예외를 알면 나중에 문제를 디버깅하는 데 도움이 될 수 있다.

예외가 사용 사례에 매우 적합하지 않다고 판단되면, 나만의 예외 클래스를 생성하는 것을 고려한다. 서드 파티 라이브러리를 사용하는 동안 애플리케이션 오류에 따라 예외 이름을 변경하거나 서드 파티 예외에 새 메시지를 추가하려는 경우 나만의 예외 클래스를 생성할 수 있다.

예제 1–34의 botocore 클라이언트 라이브러리를 살펴보자.

예제 1-34 더 넓은 범위의 사용자 정의 예외 클래스 생성

```python
from botocore.exceptions import ClientError

class WrongInstanceIDError(Exception):
    """인스턴스가 유효하지 않은 경우 예외를 발생시킨다."""
    def __init__(self, message=None, errors=None):
        # 필요한 매개변수로 기본 클래스 생성자 호출
        super().__init__(message)
        # 새로운 사용자 정의 코드
        self.errors = errors

ec2 = session.get_client('ec2', 'us-east-2')
try:
    parsed = ec2.describe_instances(InstanceIds=['i-badid'])
except ClientError as e:
    logger.error("Received error: %s", e, exc_info=True)
    # 특정 서비스 오류 코드만 걱정한다
    if e.response['Error']['Code'] == 'InvalidInstanceID.NotFound':
        raise WrongInstanceIDError(message=exc_info, errors=e)
```

여기서 다음 두 가지를 생각해보자.

- 서드 파티 라이브러리에서 특정 오류를 찾을 때마다 로그를 추가하면 서드 파티 라이브러리에서 문제를 쉽게 디버깅할 수 있다.
- 여기서는 새로운 오류 클래스를 정의해 나만의 예외를 정의한다. 모든 예외 상황에 대해 이를 수행하지 않고 싶을 수도 있다. 하지만 새로운 예외 클래스를 생성하면 코드를 좀 더 명확하고 읽기 쉽게 만들 수 있으며, 이후 새 클래스를 생성하는 것을 고려한다.

서드 파티 라이브러리/API에서 던진 예외를 처리하는 올바른 방법을 찾는 것이 때로는 어렵다. 서드 파티 라이브러리가 던진 공통적인 예외 중 적어도 일부를 알면, 프로덕션 버그와의 전쟁에서 그 라이브러리를 더 쉽게 사용할 수 있다.

최소한의 try 코드 선호

코드에서 예외를 처리할 때마다 최소한 try 블록에 코드를 유지한다. 이렇게 하면 다른 개발자가 코드의 어느 부분에 오류가 발생할 위험이 있는지를 명확히 알 수 있다. try 블록에서 최소한의 코드만 있거나 예외를 발생시킬 수 있는 코드가 있으면, 문제를 좀 더 쉽게 디버깅하는 데 도움이 된다. 예외 처리를 위한 try/catch 블록이 없으면 좀 더 빠를 수 있다. 그러나 예외가 처리되지 않으면 애플리케이션이 실패할 수 있다. 따라서 좋은 예외 처리를 하면 코드 오류가 발생하지 않으며 프로덕션 환경에서 수백만 달러를 절약할 수 있다.

예제를 살펴보자.

추천하지 않는 방법:

```
def write_to_file(file_name, message):
    """이 특정 메시지를 파일에 작성한다."""
    try:
        write_file = open(file_name, "w")
        write_file.write(message)
        write_file.close()
```

```
except FileNotFoundError as exc:
    FileNotFoundException("Please provide correct file")
```

위 코드를 자세히 살펴보면 다양한 예외를 가질 수 있는 기회가 있음을 알 수 있다. 하나는 FileNotFound 또는 IOError다.

한 라인에 다른 예외를 사용하거나 다른 try 블록에 다른 예외를 작성할 수 있다.

추천하는 방법:

```
def write_to_file(file_name, message):
    """ 이 특정 메시지를 파일에 작성한다."""
    try:
        write_file = open(file_name, "w")
        write_file.write(message)
        write_file.close()
    except (FileNotFoundError, IOError) as exc:
        FileNotFoundException(f"Having issue while writing into file {exc}")
```

다른 라인에 예외가 발생할 위험이 없더라도 다음과 같이 try 블록에 최소한의 코드를 작성하는 것이 좋다.

추천하지 않는 방법:

```
try:
    data = get_data_from_db(obj)
    return data
except DBConnectionError:
    raise
```

추천하는 방법:

```
try:
    data = get_data_from_db(obj)
except DBConnectionError:
    raise
```

```
return data
```

코드가 좀 더 명확해지고 get_data_from_db 메서드에 액세스하는 동안 단지 예외가 발생할 것으로 기대된다.

요약

1장에서는 파이썬 코드를 더 읽기 쉽고 간단하게 만드는 데 도움이 되는 몇 가지 일반적인 방법을 다뤘다.

또한 예외 처리는 파이썬에서 코드를 작성하는 가장 중요한 부분 중 하나다. 예외를 잘 이해하면 애플리케이션을 유지하는 데 도움이 된다. 이는 여러 개발자에 의해 작업이 이뤄지는 애플리케이션에서 서로 다르게 동작하는 부분 때문에 다양한 프로덕션 문제가 발생할 가능성이 더 많은 대규모 프로젝트에서 특히 그렇다. 특히 프로덕션 문제를 디버깅할 때, 코드의 올바른 위치에 예외가 있으면 많은 작업 시간과 비용을 절약할 수 있다. 로깅과 예외는 성숙한 소프트웨어 애플리케이션의 가장 중요한 부분들에 속하므로, 미리 계획을 세우고 소프트웨어 애플리케이션 개발의 핵심 부분으로 고려하면 유지가 쉽고 읽기 쉬운 코드를 작성할 수 있다.

데이터 구조

데이터 구조는 모든 프로그래밍 언어의 기본 구성 요소다. 데이터 구조를 잘 이해하면, 많은 시간을 절약할 수 있고 데이터 구조를 사용해 코드를 유지할 수 있다. 파이썬은 데이터 구조를 사용해 데이터를 저장하는 여러 가지 방법을 갖고 있으며, 언제 어떤 데이터 구조를 사용해야 메모리, 사용 편의성, 코드 성능 측면에서 더 나은지 잘 이해하고 있다.

2장에서는 먼저 공통 데이터 구조를 다루고 코드에서 사용하는 것을 살펴본다. 특정 상황에서 이러한 데이터 구조를 사용하는 장점도 살펴본다. 그런 다음, 파이썬의 데이터 구조로서 딕셔너리의 중요성을 자세히 다룰 것이다.

공통 데이터 구조

파이썬에는 다양한 기본 데이터 구조가 있다. 이 절에서는 가장 일반적인 데이터 구조를 살펴본다. 효율적인 코드를 작성하려면 데이터 구조의 개념을 잘 이해하는 것이 중요하다. 지능적으로 사용하면 코드 성능이 향상되고 버그가 줄어든다.

속도를 위한 집합 사용

집합^{set}은 파이썬의 기본 데이터 구조이며, 한편으로는 가장 소외된 데이터 구조 중 하나이기도 하다. 집합을 사용하면 얻게 되는 주요 이점은 속도이며, 집합의 다른 특징을 살펴보면 다음과 같다.

- 집합은 중복을 허용하지 않는다.
- 인덱스를 사용해 집합 요소^{element}에 액세스할 수 없다.
- 해시테이블^{hashtable}을 사용하기 때문에 O(1) 시간 복잡도로 요소에 액세스할 수 있다.
- 집합은 리스트의 분할^{slicing}과 조회^{lookup} 같은 일반적인 작업을 허용하지 않는다.
- 삽입 시간^{insertion time}에 요소를 정렬할 수 있다.

이러한 제약 조건을 고려하면, 데이터 구조에서 이러한 공통 기능이 필요하지 않을 때마다 코드에서 데이터 액세스를 훨씬 빠르게 하는 집합을 사용하는 것이 좋다. 집합 사용을 보여주는 예제 2-1을 살펴보자.

예제 2-1 데이터 액세스를 위한 집합 사용

```
data = {"first", "second", "third", "fourth", "fifth"}
if "fourth" in data:
    print("Found the Data")
```

집합은 해시테이블을 사용해 구현되므로 집합에 새 항목^{item}이 추가될 때마다 메모리에 있는 항목의 위치는 객체의 해시^{hash}에 의해 결정된다. 데이터에 액세스하는 동안 해시의 성능이 뛰어난 이유다. 수천 개의 항목이 있고 해당 요소의 항목에 자주 액세스해야 하는 경우, 리스트를 사용하는 대신 집합을 사용해 항목에 액세스하는 것이 더 빠르다.

집합이 유용하고 데이터가 중복되지 않도록 하는 데 도움이 되는 예제 2-2를 살펴
보자.

```
data = ["first", "second", "third", "fourth", "fourth",
"fifth"]
no_duplicate_data = set(data)
>>> {"first", "second", "third", "fourth", "fifth"}
```

집합은 딕셔너리의 키로도 사용되며, 집합을 리스트와 같은 다른 데이터 구조의 키로
사용할 수 있다.

ID 값을 키로 사용하고 사용자의 성과 이름을 값으로 갖는 데이터베이스의 딕셔너리
를 가진 예제 2-3을 살펴보자.

```
users = {'1267':{'first': 'Larry', 'last':'Page'},
         '2343': {'first': 'John', 'last': 'Freedom'}}

ids = set(users.keys())
full_names = []
for user in users.values():
    full_names.append(user["first"] + " " + user["last"])
```

ID와 전체 이름 리스트의 집합이 제공된다. 보다시피 집합은 리스트에서 파생될 수
있다.

노트 집합은 유용한 데이터 구조다. 번호 리스트에서 항목에 자주 액세스하고 O(1) 시간 복잡도로 항목
에 액세스를 설정해야 하는 경우에 사용하는 것이 좋다. 다음으로 데이터 구조가 필요할 경우 리스트나 튜
플의 사용을 고려하기 전에 집합을 생각해볼 것을 권장한다.

데이터 반환 및 액세스를 위한 네임드튜플 사용

네임드튜플^{namedtuple}은 기본적으로 데이터의 이름을 가진 튜플이다. namedtuple은 튜플이 할 수 있는 것과 동일한 작업을 할 수 있지만, 튜플이 갖지 않는 몇 가지 추가 기능을 가진다. namedtuple을 사용하면 가벼운 객체 타입을 쉽게 생성할 수 있다. namedtuple은 코드를 더 파이써닉하게 만든다.

데이터 액세스

namedtuple을 사용해 데이터에 액세스하면 훨씬 쉽게 읽을 수 있다. 초기화 후에 값이 변경되지 않는 클래스를 생성하고 싶다고 하자. 예제 2-4와 같은 클래스를 생성할 수 있다.

예제 2-4 불변 클래스

```
class Point:
    def __init__(self, x, y, z):
        self.x = x
        self.y = y
        self.z = z


point = Point(3, 4, 5)
point.x
point.y
point.z
```

Point 클래스의 값을 변경하지 않고, namedtuple을 사용해 쓰는 것을 선호한다면, 예제 2-5와 같이 코드를 훨씬 더 읽기 쉽도록 만들 것이다.

예제 2-5 네임드튜플 구현

```
from collections import namedtuple

Point = namedtuple("Point", ["x", "y", "z"])
point = Point(x=3, y=4, z=5)
```

```
point.x
point.y
point.z
```

여기서 볼 수 있듯이, 이 코드는 일반 클래스를 사용하는 것보다 훨씬 더 읽기 쉽고 라인이 더 짧다. namedtuple은 튜플과 동일한 메모리를 사용하므로 튜플만큼 성능이 좋다.

작성하기 쉽기 때문에 namedtuple 대신 dict를 사용하지 않는 이유가 궁금할 수 있다.

튜플은 명명된 것인지 여부에 관계없이 불변이다. namedtuple은 인덱스 대신 이름을 사용해 액세스를 좀 더 편리하게 만든다. namedtuple은 필드 이름이 문자열이어야 한다는 엄격한 제한이 있다. 또한 namedtuple은 타입을 대신 생성하기 때문에 해싱을 수행하지 않는다.

데이터 반환

일반적으로 튜플로 데이터를 반환한다. 그러나 더 많은 컨텍스트 없이 코드를 더 읽기 쉽게 만들어주므로 namedtuple을 사용해 데이터를 반환하는 것을 고려해야 한다. 코드가 더 파이써닉하고 읽기 쉽도록 만들기 때문에 한 함수에서 다른 함수로 데이터를 전달할 때마다 namedtuple 사용 가능 여부를 알아야 한다. 예제 2-6을 살펴보자.

예제 2-6 튜플로 값을 반환하는 함수

```
def get_user_info(user_obj):
    user = get_data_from_db(user_obj)
    first_name = user["first_name"]
    last_name = user["last_name"]
    age = user["age"]
    return (first_name, last_name, age)

def get_full_name(first_name, last_name):
    return first_name + last_name
```

```
first_name, last_name, age = get_user_info(user_obj)
full_name = get_full_name(first_name, last_name)
```

그럼 이 함수의 문제점은 무엇인가? 문제는 값을 반환하는 것이다. 알다시피, 데이터
베이스에서 가져온 후 사용자의 first_name, last_name, age 값을 반환한다. 이제 이
값들을 get_full_name과 같은 다른 함수에 전달해야 한다고 간주한다. 여러분은 해당
값들을 함수에 전달할 것이며, 코드를 읽을 때 시각적인 소음noise이 발생한다. 이와
같이 전달할 값이 더 많은 경우, 코드를 따라가는 것이 얼마나 어려울지 상상해본다.
이러한 값을 데이터 구조에 바인딩해 추가 코드를 작성하지 않고 컨텍스트를 제공할
수 있다면 더 좋을 수도 있다.

예제 2-7처럼 namedtuple을 사용해 이 코드를 다시 작성하자.

예제 2-7 값을 튜플로 반환하는 함수

```
from collections import namedtuple

def get_user_info(user_obj):
    user = get_data_from_db(user_obj)
    UserInfo = namedtuple("UserInfo", ["first_name", "last_name", "age"])
    user_info = UserInfo(first_name=user["first_name"],
                         last_name=user["last_name"],
                         age=user["age"])

    return user_info

def get_full_name(user_info):
    return user_info.first_name + user_info.last_name

user_info = get_user_info(user_obj)
full_name = get_full_name(user_info)
```

namedtuple을 사용해 코드를 작성하면 코드에 추가 정보를 제공하지 않아도 컨텍스트
가 제공된다. 여기서 user_info라는 namedtuple은 get_user_info라는 함수에서 반환될

때 명시적으로 설정하지 않고도 추가 컨텍스트를 제공한다. 따라서 namedtuple을 사용하면 장기적으로 코드를 훨씬 읽기 쉽게 유지할 수 있다.

반환할 열 개의 값이 있다면, 일반적으로 데이터를 이동하는 동안 tuple이나 dict의 사용을 고려할 수 있다. 이 두 개의 데이터 구조는 데이터가 이동 중일 때는 읽기가 쉽지 않다. 튜플은 튜플의 데이터에 컨텍스트나 이름을 제공하지 않으며 dict는 불변성이 없으므로, 첫 번째 할당 후에 데이터를 변경하지 않으려는 경우 제약을 받는다. namedtuple은 tuple과 dict의 단점을 보완한다.

마지막으로 namedtuple을 dict로 변환하거나 리스트를 namedtuple로 변환한다면, namedtuple은 이 변환을 쉽게 할 수 있는 메서드를 제공한다. 따라서 또한 유연하다. 다음에 불변 데이터를 가진 클래스를 만들거나 여러 값을 반환할 때는 가독성과 유지보수성을 위해 namedtuple을 사용하는 것을 고려한다.

노트　객체 표기법(object notation)이 코드를 더 파이써닉하고 읽기 쉽게 만들 것이라고 생각하는 모든 위치에서 튜플(tuple) 대신에 namedtuple을 사용한다. 일종의 컨텍스트와 함께 전달해야 할 여러 가지 값이 있는 경우 보통 그것을 고려한다. 이 경우 namedtuple은 코드를 훨씬 더 읽기 쉽게 만들어주므로 정확히 들어맞는다.

---

str, 유니코드, 바이트의 이해

파이썬 언어의 기본 개념을 이해하면 개발자로서 도움이 되며 데이터를 처리하는 동안 더 나은 프로그래머가 될 수 있다. 특히 파이썬에서 str, 유니코드Unicode, 바이트byte의 기본을 이해하고 나면 데이터로 작업하는 경우 도움이 된다. 파이썬은 내장 라이브러리와 단순성 때문에 데이터 처리나 데이터와 관련된 모든 것에 대해 코딩하기가 정말 쉽다.

이미 알다시피, str은 파이썬에서 문자열string의 표현 타입이다. 예제 2-8을 살펴보자.

```
p = "Hello"
type(p)
>>> str

t = "6"
type(t)
>>> str
```

유니코드는 다음과 같이 거의 모든 언어로 각 문자를 고유하게 식별한다.

```
0x59 : Y
0xE1 : á
0x7E : ~
```

유니코드가 문자에 할당한 숫자를 코드 포인트code point라고 한다. 그렇다면 유니코드의 목적은 무엇인가?

유니코드의 목적은 거의 모든 언어에 대해 각 문자에 고유한 ID를 부여하는 것이다. 언어와 상관없이 모든 문자에 대해 유니코드 코드 포인트를 사용할 수 있다. 유니코드는 일반적으로 선행 U+와 16진수로 구성된 숫자 값을 최소 네 자리로 채운다.

따라서 모든 유니코드가 수행하는 작업은 코드 포인트라는 숫자 ID를 각 문자에 할당해 명확한 참조를 갖도록 하는 것이라는 점을 기억해야 한다.

어떤 문자를 비트 패턴에 매핑하면 인코딩encoding이라고 한다. 이러한 비트 패턴은 컴퓨터의 메모리나 디스크에서 사용된다. 문자를 인코딩할 수 있는 방법은 여러 가지가 있다. 가장 일반적인 것은 ASCII, ISO-8859-1, UTF-8이다.

파이썬 인터프리터는 인코딩에 UTF-8을 사용한다.

이제 UTF-8을 간단히 살펴보자. UTF-8은 모든 유니코드 문자를 8, 16, 24 혹은 32 길이 비트 패턴에 매핑하며, 이는 1, 2, 3, 4에 상응한다. 예를 들어, a는 파이썬 인터프린터에 의해 01100001로 변환되며, å^{angstrom}은 11000011 01011111(0xC3 0xA1)로 변환된다. 따라서 유니코드가 왜 유용한지 쉽게 이해할 수 있다.

노트 파이썬 3에서 모든 문자열은 유니코드 문자의 연속이다. 따라서 문자열을 UTF-8로 인코딩하거나 UTF-8에서 문자열로 디코딩하는 것을 생각하지 말아야 한다. 문자열 인코딩 메서드를 사용해 문자열을 바이트로 변환하거나 바이트를 문자열로 다시 변환할 수 있다.

리스트 사용 시 주의 사항과 제너레이터 선호

이터레이터^{iterator}는 특히 많은 양의 데이터를 처리할 때 유용하다. 시퀀스 데이터를 저장하기 위해 리스트를 사용한 코드를 살펴봤지만, 시스템의 성능에 영향을 줄 수 있는 메모리 누수^{memory leak}의 위험이 있다. 예제 2-9를 살펴보자.

예제 2-9 소수 반환 리스트 사용

```
def get_prime_numbers(lower, higher):
    primes = []
    for num in range(lower, higher + 1):
        for prime in range(2, num + 1):
            is_prime = True
            for item in range(2, int(num ** 0.5) + 1):
                if num % item == 0:
                    is_prime = False
                    break
        if is_prime:
            primes.append(num)
print(get_prime_numbers(30, 30000))
```

이와 같은 코드의 문제점은 무엇인가? 첫째, 읽기가 어렵다. 둘째, 메모리에 많은 수를 저장하기 때문에 메모리 누수의 위험이 있을 수 있다. 가독성과 성능의 측면에서 이 코드를 어떻게 개선할 수 있을까?

여기서는 yield 키를 사용해 숫자를 생성하는 제너레이터 사용을 고려할 수 있고, 값을 표시하는 이터레이터로 사용할 수 있다. 이터레이터를 사용한 이 예제를 예제 2-10에 표시된 것처럼 재작성하자.

예제 2-10 소수를 위한 제너레이터 사용

```python
import math

def is_prime(num):
    prime = True
    for item in range(2, int(math.sqrt(num)) + 1):
        if num % item == 0:
            prime = False
    return prime

def get_prime_numbers(lower, higher):
    for possible_prime in range(lower, higher):
        if is_prime(possible_prime):
            yield possible_prime
        yield False

for prime in get_prime_numbers(30, 30000):
    if prime:
        print(prime)
```

이 코드는 훨씬 읽기 쉽고 효율적이다. 또한 제너레이터는 의도하지 않게 코드 리팩토링을 생각하도록 만든다. 여기서 리스트의 값을 반환하면 코드가 훨씬 더 비대해져서 제너레이터가 쉽게 해결한다.

이터레이터가 관찰된 일반적인 사례 중 하나는 데이터베이스에서 데이터를 가져올 때 가져올 행의 수를 모르는 경우 유용할 수 있다는 것이다. 메모리에 이러한 값을 저장하려고 할 때는 메모리를 많이 사용하는 작업일 수 있으며, 그 대신 이터레이터를 사용해 값을 즉시 반환하고 다음 행으로 이동함으로써 다음 값을 제공한다.

ID로 사용자의 나이와 이름을 얻으려면 데이터베이스에 액세스해야 한다고 가정하자. 데이터베이스 인덱스인 ID를 알고, 데이터베이스의 총 사용자 수가 1,000,000,000명인 것을 안다. 개발자가 리스트를 사용한 청크^{chunk}에서 데이터를 가져오는 코드를 주로 봤는데, 이는 메모리 문제를 해결하는 데 적합한 접근 방식이다. 예제 2-11을 살펴보자.

예제 2-11 데이터베이스 액세스와 리스트 결과 청크 저장

```
def get_all_users_age(total_users=1000):
    age = []
    for id in range(total_users):
        user = access_db_to_get_users_by_id(id)
        age.append([user.name, user.age])
    return age


total_users = 1000000000
info = get_all_users_age(total_users)
for user in info:
    print(user)
```

여기서는 데이터베이스를 액세스해 사용자의 나이와 이름을 얻으려고 한다. 그러나 사용자 정보를 저장하기 위해 메모리 안전$^{memory-safe}$을 고려한 숫자를 임의로 선택하기 때문에 시스템의 메모리가 부족하면 이 접근이 좋지 않을 수 있지만, 이것을 장담할 수는 없다. 파이썬은 이러한 문제를 피하고 코드에서 이러한 상황을 해결할 수 있는 수단으로 제너레이터를 제공한다. 예제 2-12에서 보여주는 것처럼 코드 재작성을 고려할 수 있다.

예제 2-12 이터레이터 방식 사용

```
def get_all_users_age():
    all_users = 1000000000
    for id in range(all_users):
        user = access_db_to_get_users_by_id(id)
        yield user.name, user.age
```

```
for user_name, user_age in get_all_users_age():
    print(user_name, user_age)
```

노트 제너레이터는 데이터 집약적인 작업을 위해 고성능의 코드를 실행하기 때문에 파이썬의 유용한 기능이다. 또한 제너레이터는 코드를 읽기 쉽게 만드는 것을 고려하게 한다.

리스트 처리를 위한 zip 사용

두 개의 리스트가 있고 병렬로 처리하려면 zip의 사용을 고려한다. 이것은 파이썬의 내장 함수이며 매우 효율적이다.

데이터베이스의 사용자 테이블에 사용자 이름과 급여가 있다고 가정하고, 이를 다른 리스트로 결합해 모든 사용자의 리스트로 반환하고자 한다. get_users_name_from_db 와 get_users_salary_from_db 함수를 갖고 사용자 리스트와 그에 상응하는 사용자의 급여를 제공한다. 어떻게 결합할 수 있을까? 이를 수행하는 방법 중 하나로 예제 2-13을 살펴보자.

예제 2-13 리스트 결합

```
def get_user_salary_info():
    users = get_users_name_from_db()
    # ["Abe", "Larry", "Adams", "John", "Sumit", "Adward"]

    users_salary = get_users_salary_from_db()
    # ["2M", "1M", "60K", "30K", "80K", "100K"]

    users_salary_info = []
    for index in range(len(users)):
        users_salary_info.append([users[index], users_salary[index]])

    return users_salary_info
```

이 문제를 해결하는 더 좋은 방법이 있을까? 물론 있다. 파이썬은 예제 2-14와 같이 이 부분을 쉽게 처리할 수 있는 zip이라는 내장 함수를 제공한다.

예제 2-14 zip 사용

```
def get_user_salary_info():
    users = get_users_name_from_db()
    # ["Abe", "Larry", "Adams", "John", "Sumit", "Adward"]

    users_salary = get_users_salary_from_db()
    # ["2M", "1M", "60K", "30K", "80K", "100K"]

    users_salary_info = []
    for usr, slr in zip(users, users_salary):
        users_salary_info.append([usr, slr])

    return users_salary_info
```

많은 데이터가 있는 경우 리스트에 저장하는 대신 이터레이터를 사용하는 것이 좋다. zip은 두 리스트를 결합하고 병렬로 쉽게 처리할 수 있으므로, zip을 사용하면 이러한 작업을 효율적으로 수행할 수 있다.

파이썬의 내장 함수 활용

파이썬에는 매우 훌륭한 내장 라이브러리가 많다. 라이브러리가 많으므로 2장에서 각 라이브러리를 모두 살펴볼 수는 없다. 따라서 여기서는 코드에 큰 영향을 미치고 코드 품질을 향상시킬 수 있는 몇 가지 기본 데이터 구조 라이브러리를 다룰 것이다.

collections

이 라이브러리는 가장 널리 사용되는 라이브러리 중 하나이고, 유용한 데이터 구조인 namedtuple, defaultdict, orderddict를 갖고 있다.

csv

CSV 파일을 읽고 쓰는 데 csv를 사용한다. 파일을 읽으면서 나만의 메서드를 작성하는 대신 많은 시간을 절약할 수 있다.

datetime과 time

이 두 라이브러리는 의심할 여지없이 가장 많이 사용되는 라이브러리들이다. 실제로, 이미 이 라이브러리들을 사용했을 것이다. 그렇지 않은 경우, 이러한 라이브러리에서 사용할 수 있는 다양한 메서드에 익숙해지면 특히 시간 문제를 작업할 때 여러 시나리오에서 유용할 것이다.

math

math 라이브러리에는 기본 수학 연산부터 고급 수학 연산까지 수행하는 유용한 메서드가 많다. 수학 문제를 해결하기 위한 서드 파티 라이브러리를 찾기 전에 이 라이브러리에 이미 포함돼 있는지 확인해보자.

re

정규 표현식regular expression을 사용해 문제를 해결하는 이 라이브러리를 대체할 수 있는 것은 없다. 실제로 re는 파이썬 언어에서 최고의 라이브러리 중 하나다. 정규 표현식을 잘 알고 있다면 re 라이브러리를 사용해 '마법'을 생성할 수 있으며, 정규 표현식을 사용해 좀 더 어려운 작업을 쉽게 수행할 수 있다.

tempfile

임시 파일을 생성하려면 이것을 일회성 라이브러리로 고려한다. 훌륭한 내장 라이브러리다.

itertools

이 라이브러리에서 가장 유용한 도구는 순열permutation과 조합combination이다. 그러나 더 자세히 살펴보면 itertools를 사용해 많은 계산 문제를 해결할 수 있다. dropwhile, product, chain, islice 같은 유용한 함수가 있다.

functools

함수형 프로그래밍을 좋아하는 개발자라면 이 라이브러리가 적합하다. 좀 더 함수적인 방식으로 코드를 생각하는 데 도움이 되는 함수가 많으며, 가장 많이 사용되는 것 중 하나가 이 라이브러리에 있다.

sys와 os

특정 시스템이나 운영체제(OS) 레벨의 작업을 수행하려는 경우 이 라이브러리를 사용한다. sys와 os는 여러분의 시스템으로 많은 놀라운 일을 할 수 있게 해준다.

subprocess

이 라이브러리는 많은 노력 없이 시스템에서 여러 프로세스를 생성할 수 있도록 도와준다. 라이브러리는 사용하기 쉬우며, 여러 프로세스를 생성하고 여러 메서드를 사용해 처리한다.

logging

좋은 로깅 기능이 없으면 큰 프로젝트는 성공할 수 없다. 파이썬의 logging 라이브러리를 사용하면 시스템에 로깅을 쉽게 추가할 수 있다. 콘솔^{console}, 파일, 네트워크 같은 로그를 추출하는 다양한 방법이 있다.

json

JSON은 네트워크와 API로 정보를 전달하는 사실상의 표준이다. 파이썬의 json 라이브러리는 다양한 시나리오를 처리하는 훌륭한 작업을 수행한다. json 라이브러리 인터페이스는 사용하기 쉽고 문서는 매우 유용하다.

pickle

매일 코딩에 사용하지는 않지만, 파이썬 객체를 직렬화하고 역직렬화해야 할 때마다 pickle보다 더 좋은 라이브러리는 없다.

__future__

현재 인터프리터와 호환되지 않는 새로운 언어 기능을 가능하게 하는 의사 모듈 pseudomodule이다. 따라서 향후 버전을 사용하려는 코드에서 사용하는 것이 좋다. 예제 2-15를 살펴보자.

예제 2-15 __future__ 사용

```
from __future__ import division
```

노트 파이썬은 많은 문제를 해결하는 다양한 라이브러리를 갖추고 있다. 각 라이브러리가 여러분을 위해 무엇을 할 수 있는지 알아내는 것이 라이브러리들을 제대로 이해하는 첫 번째 단계다. 파이썬 내장 라이브러리에 익숙해지면 장기적으로 도움이 될 것이다.

파이썬에서 가장 일반적인 데이터 구조 중 일부를 살펴봤으므로, 지금부터는 파이썬에서 가장 일반적으로 사용되는 데이터 구조 중 하나인 딕셔너리를 더 자세히 다룰 것이다. 전문적인 파이썬 코드를 작성하는 경우 딕셔너리를 반드시 사용해야 하므로 이를 자세히 살펴보자.

딕셔너리의 장점

딕셔너리는 파이썬에서 가장 많이 사용되는 데이터 구조 중 하나다. 딕셔너리는 데이터에 더 빠르게 액세스할 수 있는 방법이며, 파이썬에는 딕셔너리를 위한 우아한 내장 라이브러리가 있으므로 사용하기도 쉽다. 이번 절에서는 딕셔너리의 가장 유용한 기능 중 일부를 자세히 살펴본다.

딕셔너리와 다른 데이터 구조를 사용하는 시기

데이터를 매핑할 수 있는 어떤 것을 고려할 경우, 코드의 데이터 구조로서 딕셔너리를 고려해야 할 때가 있다.

다양한 종류의 매핑이 필요한 데이터를 저장하고 빠르게 액세스해야 하는 경우 딕셔너리를 사용하는 것이 좋다. 하지만 각 데이터 저장소에서 딕셔너리의 사용을 고려하는 것은 원하지 않는다.

따라서, 예를 들어 클래스의 추가 메커니즘이 필요하거나 객체가 필요한 경우를 고려하거나, 데이터 구조에서 불변성이 필요할 때 튜플이나 namedtuple을 사용하는 것을 고려한다. 코드를 작성하는 동안 필요한 특정 데이터 구조를 생각해보자.

컬렉션

컬렉션(collections)은 파이썬에서 유용한 모듈 중 하나이며, 고성능 데이터 타입이다. collections에는 딕셔너리로 다른 작업을 수행하는 데 실제로 유용한 여러 인터페이스가 있다. 따라서 컬렉션의 주요 도구 중 일부를 살펴보자.

카운터

카운터(Counter)는 유사한 데이터를 집계할 수 있는 편리한 방법을 제공한다. 그 예로 예제 2-16을 살펴보자.

예제 2-16 카운터

```python
from collections import Counter

contries = ["Belarus", "Albania", "Malta", "Ukrain", "Belarus", "Malta", "Kosove",
"Belarus"]
```

```
Counter(contries)
>>> Counter({'Belarus': 3, 'Malta': 2, 'Albania': 1, 'Ukrain': 1, 'Kosove': 1})
```

카운터는 dict의 서브 클래스다. 요소^{element}는 딕셔너리 키로 저장되고 누적 기록은 값으로 저장되는 오더 컬렉션^{order collection}이며, 값의 개수를 계산하는 가장 효율적인 방법 중 하나다. 카운터에는 여러 가지 유용한 메서드가 있다. most_common()은 이름에서 알 수 있듯이 가장 공통적인 요소와 해당 개수를 반환한다. 예제 2-17을 살펴본다.

예제 2-17 카운터의 most_common() 메서드

```
from collections import Counter

contries = ["Belarus", "Albania", "Malta", "Ukrain", "Belarus", "Malta", "Kosove",
"Belarus"]
contries_count = Counter(contries)
>>> Counter({'Belarus': 3, 'Malta': 2, 'Albania': 1, 'Ukrain': 1, 'Kosove': 1})
contries_count.most_common(1)
>>> [('Belarus', 3)]
```

elements()와 같은 다른 메서드는 요소가 개수만큼 반복되는 이터레이터를 반환한다.

deque

큐와 스택을 생성하려면 데큐(deque)의 사용을 고려한다. 이를 통해 왼쪽에서 오른쪽으로 값을 추가할 수 있다. deque는 양쪽에서 동일한 O(1) 성능으로 스레드 안전^{thread-safe}, 메모리의 효율적인 추가 및 제거를 지원한다.

deque에는 오른쪽에 추가하는 append(x), 왼쪽에 추가하는 appendleft(x), 모든 요소를 제거하는 clear(), 오른쪽에서부터 요소를 제거하는 pop(), 왼쪽에서부터 요소를 제거하는 popleft(), 요소를 회전하는 reverse()가 있다. 그럼 몇 가지 예제를 다뤄본다. 예제 2-18을 살펴보자.

```
from collections import deque

# deque 생성
deq = deque("abcdefg")

# deque 요소를 순회
deq = deque([item.upper() for item in deq])
>>> deque(['A', 'B', 'C', 'D', 'E', 'F', 'G'])

# 오른쪽에 새 항목 추가
deq.append("h")
>>> deque(['A', 'B', 'C', 'D', 'E', 'F', 'G', 'h'])

# 왼쪽에 새 항목 추가
deq.appendleft("I")
>>> deque(['I', 'A', 'B', 'C', 'D', 'E', 'F', 'G', 'h'])

# 가장 오른쪽 요소 제거
deq.pop()
>>> 'h'

# 가장 왼쪽 요소 제거
deq.popleft()
>>> 'I'

# deque 비우기
deq.clear()
```

defaultdict

defaultdict는 dict의 서브클래스로 dict와 유사하게 작동한다. defaultdict는 인자가 없고 존재하지 않는 키의 기본값을 제공하는 function("default factory")로 초기화된다. defaultdict는 dict와 같은 KeyError를 발생시키지 않는다. 존재하지 않는 키는 기본 팩토리default factory에서 반환된 값을 가져온다. 예제 2-19의 간단한 예를 살펴보자.

```
from collections import defaultdict

# defaultdict 생성
colors = defaultdict(int)

# 존재하지 않는 키 값이 주어지면 기본값이 출력된다
colors["orange"]
>>> 0

print(colors)
>>> defaultdict(<class 'int'>, {'orange': 0})
```

namedtuple

가장 널리 사용되는 도구 중 하나는 컬렉션 모듈의 namedtuple이다. 이는 이름 필드와 고정 길이를 가진 튜플의 서브클래스다. 튜플을 사용한 코드의 모든 곳에서 namedtuple 을 사용할 수 있다. namedtuple은 불변하는 리스트이며 코드를 읽고 데이터에 액세스 하는 것을 좀 더 쉽게 할 수 있도록 해준다. 이미 namedtuple은 살펴봤으므로 자세한 것은 해당 내용을 참조한다.

OrderedDict

OrderedDict는 키를 특정 순서대로 가져오려고 하는 경우 사용할 수 있다. dict는 OrderedDict의 주요 기능인 삽입 순서[insertion order]로 순서를 갖지 않는다. 파이썬 3.6 이상에서 dict는 기본적으로 삽입 순서에 따라 dict가 정렬되는 기능이 있다. 예제 2-20을 살펴보자.

```
from collections import OrderedDict

# OrderedDict 생성
colors = OrderedDict()
```

```
# 값 할당
colors["orange"] = "ORANGE"
colors["blue"] = "BLUE"
colors["green"] = "GREEN"

# 값 얻기
[k for k, v in colors.items()]
>>> ['orange', 'blue', 'green']
```

OrderedDict, defaultdict, 일반 딕셔너리

이전 절에서 이러한 주제 중 일부를 다뤘다. 이제 몇 가지 다른 타입의 딕셔너리를 자세히 살펴보자.

OrderedDict 및 defaultdict 딕셔너리 타입은 dict에서 구별할 수 있는 기능이 추가된 dict 클래스(일반 딕셔너리)의 서브 클래스다. 하지만 일반 딕셔너리와 동일한 기능을 모두 가진다. 파이썬에서는 다음과 같은 딕셔너리 타입이 존재하는 이유가 있으며, 이러한 라이브러리를 가장 잘 활용하기 위해 다른 딕셔너리를 어디에 사용할 수 있는지를 살펴본다.

파이썬 3.6부터 dict는 이제 삽입 순서에 따라 정렬되며, 실제로 OrderedDict의 유용성이 감소한다.

이제 3.6 이전 파이썬 버전의 OrderedDict를 살펴보자. OrderedDict는 딕셔너리에 값을 삽입할 때 순서대로 값을 제공한다. 코드에서 때로는 순서대로 데이터에 액세스하려고 할 수 있다. 여기서 OrderedDict를 사용할 수 있다. OrderedDict는 딕셔너리와 비교할 때 추가 비용이 없으므로 성능 측면에서 동일하다.

프로그래밍 언어가 처음 도입됐을 때 저장하길 원한다고 가정한다. 예제 2-21에 표시된 것처럼, OrderedDict를 사용해 생성 연도별로 해당 언어 정보를 삽입할 때 언어 정보를 가져올 수 있다.

```
from collections import OrderedDict

# OrderedDict 생성
language_found = OrderedDict()

# 삽입 값
language_found["Python"] = 1990
language_found["Java"] = 1995
language_found["Ruby"] = 1995

# 값 얻기
[k for k, v in language_found.items()]
>>> ['Python', 'Java', 'Ruby']
```

딕셔너리의 키를 액세스하거나 삽입할 경우 키에 기본값을 할당하려고 하는 경우가 있다. 일반적인 딕셔너리에서는 키가 존재하지 않으면 KeyError가 발생한다. 하지만 defaultdict는 키를 생성할 것이다. 예제 2-22를 살펴보자.

```
from collections import defaultdict

# defaultdict 생성
language_found = defaultdict(int)

# 존재하지 않는 키의 값을 출력한다
language_found["golang"]
>>> 0
```

여기서 defaultdict를 호출하고 존재하지 않는 golang 키에 액세스하려고 할 때, 내부적으로 defaultdict는 함수 객체(language_found의 경우 int)를 호출하게 되며, 이 객체는 생성자에게 전달된다. 함수 및 타입 객체type object를 포함하는 호출 가능한 객체callable object다. 따라서 전달된 int와 list는 defaultdict의 함수다. 존재하지 않는 키에 액세스하려고 하면, 전달된 함수를 호출하고 그 반환 값을 새 키의 값으로 할당한다.

이미 알고 있듯이 딕셔너리는 파이썬의 키–값 모음이다. 성능 측면에서 추가 비용이 들지 않는 몇 가지 새로운 기능을 추가하기 위해 defaultdict, OrderedDict와 같은 많은 고급 라이브러리가 딕셔너리 상단에 구축된다. 확실한 사실은 dict가 좀 더 **빠를** 것이란 점이다. 그러나 대부분의 경우 부주의에서 차이가 발생한다. 따라서 이러한 문제의 자체 솔루션을 작성하는 경우 이들을 사용하는 것이 좋다.

딕셔너리를 사용한 스위치 구문

파이썬에는 switch 키워드가 없지만, 이 방법을 좀 더 명확하게 할 수 있는 많은 기능을 제공한다. 딕셔너리를 활용해 스위치switch 구문을 생성할 수 있으며, 특정 기준으로 선택할 수 있는 여러 옵션이 있을 때마다 이 방법으로 코드를 작성하는 것을 고려한다.

특정 국가의 조세 규칙에 따라 각 주의 세금을 계산하는 시스템을 고려해보자. 이를 수행하는 여러 가지 방법이 있다. 하지만 여러 옵션에서 가장 어려운 부분은 코드에 if else 조건 여러 개를 추가하지 않는 것이다. 좀 더 우아한 방식으로 딕셔너리를 사용해 이 문제를 어떻게 해결할 수 있는지 살펴보자. 예제 2–23을 참조한다.

예제 2–23 딕셔너리를 사용한 스위치 구문

```
def tanzania(amount):
    calculate_tax = <Tax Code>
    return calculate_tax


def zambia(amount):
    calculate_tax = <Tax Code>
    return calculate_tax


def eritrea(amount):
    calculate_tax = <Tax Code>
    return calculate_tax
```

```
country_tax_calculate = {
    "tanzania": tanzania,
    "zambia": zambia,
    "eritrea": eritrea,
}

def calculate_tax(country_name, amount):
    country_tax_calculate[country_name](amount)

calculate_tax("zambia", 8000000)
```

여기서는 단순히 딕셔너리를 사용해 세금을 계산하므로 일반적인 스위치 구문을 사용하는 것보다 코드를 더 명확하고 읽기 쉽게 만든다.

두 개의 딕셔너리를 병합하는 방법

병합하려는 두 개의 딕셔너리가 있다고 가정한다. 이 작업은 이전 버전에 비해 파이썬 3.5 이상에서 훨씬 간단하다. 데이터 구조를 병합하는 동안 메모리 사용과 데이터 손실에 주의해야 하므로 두 데이터 구조를 병합하는 것은 까다롭다. 추가 메모리를 사용해 병합된 데이터 구조를 저장하는 경우 딕셔너리의 데이터 크기를 고려해 시스템의 메모리 제한을 알아야 한다.

데이터 손실도 한 가지 우려 사항이다. 특정 데이터 구조의 제한으로 인해 일부 데이터가 손실된 것을 발견할 수 있다. 예를 들어 딕셔너리는 중복 키를 가질 수 없다. 따라서 딕셔너리 간에 병합 작업을 수행할 때마다 이러한 사항을 명심한다.

파이썬 3.5 이상은 예제 2-24와 같이 이 작업을 수행할 수 있다.

예제 2-24 파이썬 3.5 이상에서의 딕셔너리 병합

```
salary_first = {"Lisa": 238900, "Ganesh": 8765000, "John": 3450000}
salary_second = {"Albert": 3456000, "Arya": 987600}
{**salary_first, **salary_second}
```

```
>>> {'Lisa': 238900, 'Ganesh': 8765000, 'John': 3450000, 'Albert': 3456000, 'Arya':
987600}
```

그러나 3.5 이전의 파이썬은 약간의 추가 작업으로 이 작업을 수행할 수 있다. 예제 2-25를 살펴보자.

예제 2-25 파이썬 3.5 이전 버전에서의 딕셔너리 병합

```
salary_first = {"Lisa": 238900, "Ganesh": 8765000, "John": 3450000}
salary_second = {"Albert": 3456000, "Arya": 987600}
salary = salary_first.copy()
salary.update(salary_second)
>>> {'Lisa': 238900, 'Ganesh': 8765000, 'John': 3450000, 'Albert': 3456000, 'Arya':
987600}
```

파이썬 3.5 이상에는 PEP 448이 있는데, *라는 이터러블 언패킹 연산자[iterable unpacking operator]와 **라는 딕셔너리 언패킹 연산자[dictionary unpacking operator]의 확장 사용을 제안한다.

이것은 분명히 코드를 더 읽기 쉽게 만들어주며, 딕셔너리뿐만 아니라 파이썬 3.5 이후의 리스트에도 적용된다.

우아한 딕셔너리 출력

파이썬은 pprint라는 모듈이 있어서 훌륭하게 출력할 수 있다. 작업을 수행하려면 pprint를 임포트해야 한다.

pprint는 데이터 구조를 출력하는 동안 들여쓰기를 적용하는 옵션을 제공한다. 들여쓰기가 데이터 구조에 적용될 것이다. 예제 2-26을 살펴보자.

```
import pprint

pp = pprint.PrettyPrinter(indent=4)
pp.pprint(colors)
```

더 중첩되고 많은 데이터가 있는 복잡한 딕셔너리의 경우 예상대로 작동하지 않을 수 있다. 예제 2-27처럼 이를 위해 JSON의 사용을 고려할 수 있다.

```
import json

data = {'a':12, 'b':{'x':87, 'y':{'t1': 21, 't2':34}}}
json.dumps(data, sort_keys=True, indent=4)
```

요약

데이터 구조는 모든 프로그래밍 언어의 핵심이다. 2장에서 배운 것처럼 파이썬은 데이터를 저장하고 조작하기 위한 많은 데이터 구조를 제공한다. 파이썬은 데이터 구조의 형태로 모든 종류의 도구를 제공함으로써 다양한 종류의 객체나 데이터셋에서 모든 작업을 수행한다. 파이썬 개발자는 다양한 종류의 데이터 구조를 알고 애플리케이션을 작성하는 동안, 특히 리소스를 많이 사용하는 애플리케이션에서 올바른 결정을 내릴 수 있어야 한다.

파이썬에서 가장 유용한 데이터 구조를 이해하는 데 2장의 내용이 도움이 되길 바란다. 툴킷^{toolkit}에서 다양한 종류의 도구를 사용할 수 있기 때문에 다른 동작으로 다양한 종류의 데이터 구조에 익숙해지면 더 나은 개발자가 될 수 있다.

3장

더 나은 함수와 클래스 작성

함수와 클래스는 파이썬 언어의 핵심 부분이다. 실무 분야에서 작성하는 모든 코드는 함수와 클래스로 구성된다. 3장에서는 코드를 더 읽기 쉽고 명확하게 만드는 데 도움이 되는 모범 사례를 살펴본다.

함수와 클래스를 작성하는 동안 함수/클래스의 경계 및 구조를 생각하는 것이 중요하다. 함수나 클래스가 해결하려고 하는 사용 사례를 명확하게 이해하면 더 나은 클래스와 함수를 작성하는 데 도움이 된다. 항상 단일 책임 원칙의 철학을 명심한다.

함수

알다시피 파이썬의 모든 것은 객체이며 함수도 예외는 아니다. 파이썬의 함수는 매우 유연하므로 주의해서 작성해야 한다. 여기서는 파이썬으로 함수를 작성하면서 몇 가지 모범 사례를 살펴본다.

파이썬에서는 일반적으로 def 절에 코드를 작성할 때, 이를 함수나 메서드로 정의할 것이다. 이전 장에서 이미 다뤘으므로 람다 함수^{lambda function}는 살펴보지 않는다.

작은 함수 생성

우리는 항상 하나의 작업만을 수행하는 함수를 작성하는 것을 선호한다. 함수가 하나의 작업만 수행하는지 확인하는 방법과 함수의 크기를 측정하는 방법은 무엇인가? 라인이나 문자가 함수 크기의 척도라고 생각하는가?

그것은 더 중요한 작업이다. 함수가 하나의 작업만 수행하는지 확인하려고 하지만, 이 작업은 여러 하위 작업의 상단에 구축될 수 있다. 개발자는 하위 작업을 별도의 함수로 분류하는 시기를 결정해야 한다. 아무도 그 질문에 대답할 수 없다. 함수를 비판적으로 분석하고 여러 함수로 분류할 시기를 결정해야 한다. 코드를 지속적으로 분석하고 코드에서 '냄새나는^{smell}' 위치, 즉 읽고 이해하기 어려운 위치를 찾아서 획득해야 하는 기술이다.

예제 3-1의 실제 예를 살펴보자.

예제 3-1 고유한 이메일 예제

```
import re

def get_unique_emails(file_name):
    """
    파일 데이터를 읽어 모든 고유 이메일을 가져온다.
    """
    emails = set()
    with open(file_name) as fread:
        for line in fread:
            match = re.findall(r'[\w\.-]+@[\w\.-]+', line)
            for email in match:
                emails.add(email)
    return emails
```

예제 3-1에서 get_unique_emails는 두 개의 서로 다른 작업을 수행하고 있는데, 우선 각 라인을 읽기 위해 주어진 파일을 반복하고, 그다음에는 각 라인의 이메일과 일치하는지 확인하기 위해 regex를 수행한다. 여기서 두 가지를 주목했다. 첫 번째는 물론 함수에 의해 수행되는 작업의 수이고, 두 번째는 이것을 더 세분화해 파일을 읽거나 라인을 읽는 일반 함수를 만들 수 있다는 것이다. 이 함수는 두 개의 개별 함수로 나눌 수 있는데, 하나는 파일을 읽을 수 있고 다른 하나는 라인을 읽을 수 있다. 따라서 개발자는 더 명확한 코드를 작성하기 위해 이 함수를 분류할지 여부를 결정해야 한다. 예제 3-2를 살펴보자.

예제 3-2 함수를 다른 함수로 분할

```
import re

def get_unique_emails(file_name):
    """
    모든 고유한 이메일을 가져온다.
    """
    emails = set()
    for line in read_file(file_name):
        match = re.findall(r'[\w\.-]+@[\w\.-]+', line)
        for email in match:
            emails.add(email)
    return emails

def read_file(file_name):
    """
    파일을 읽고 각 라인을 yield한다.
    """
    with open(file_name) as fread:
        for line in fread:
            yield line
```

예제 3-2에서 함수 read_file은 이제 모든 파일명이라도 받아들여 각 라인을 yield하는 포괄적 함수^{generic function}이고, get_unique_emails는 각 라인에 대한 조치를 수행해 고유한 이메일을 가져온다.

여기서 `read_file`은 제너레이터 함수^{generator function}로 생성했다. 하지만 리스트를 반환하길 원한다면, 그것을 하는 것을 고려할 수 있다. 주요 개념은 가독성과 단일 책임 원칙을 고려한 후에 함수를 분리해야 한다는 것이다.

노트 먼저 기능을 구현하는 코드를 작성하는 것을 추천하고, 일단 기능을 구현하고 나서 작동하면 더 명확한 코드를 위해 함수를 여러 함수로 나누는 것을 생각할 수 있다. 좋은 명명 규칙도 따라야 한다.

제너레이터 반환

예제 3-2의 코드 예제에서 알 수 있듯이 `list`나 `tuple`과 같은 특정 데이터 구조를 사용하는 대신 `yield`를 사용했다. 여기서 다른 데이터 구조를 사용하지 않는 주된 이유는 파일의 크기가 얼마나 큰지 확실하지 않고 큰 파일을 처리할 때 메모리가 부족할 가능성이 있기 때문이다.

제너레이터는 `yield` 키워드(1장의 예제 1-23)를 사용하는 함수이며, `read_file`은 제너레이터 함수다. 제너레이터는 두 가지 주요 이유로 유용하다.

- 제너레이터가 함수를 호출하면, 전체 함수를 실행하는 대신 이터레이터를 즉시 반환하고 루프 또는 리스트 변환과 같은 다른 작업을 수행할 수 있다(1장의 예제 1-23에서 이터레이터). 완료되면 내장 함수 `next()`를 자동으로 호출하고 `yield` 키워드 다음 라인의 `read_file` 함수 호출로 돌아간다. 또한 코드를 읽고 이해하기 쉽게 만든다.
- 리스트나 또 다른 데이터 구조에서는 데이터가 크면 메모리 충돌이 발생할 수 있으므로, 파이썬은 데이터를 반환하기 전에 메모리에 데이터를 저장해야 한다. 제너레이터는 이 문제가 없다. 따라서 처리할 데이터가 많거나 사전에 데이터 크기가 확실하지 않은 경우에는 다른 데이터 구조 대신 제너레이터를 사

용하는 것이 좋다.

이제 예제 3–3에서 볼 수 있듯이, 예제 3–2에서 살펴본 get_unique_emails 함수의 코드를 변경해 리스트 대신 yield를 사용할 수 있다.

예제 3–3 함수를 다른 함수로 분할

```python
def get_unique_emails(file_name):
    """
    모든 고유한 이메일을 가져온다.
    """
    for line in read_file(file_name):
        match = re.findall(r'[\w\.-]+@[\w\.-]+', line)
        for email in match:
            yield email


def read_file(file_name):
    """
    파일을 읽고 각 라인을 yield한다.
    """
    with open(file_name) as fread:
        for line in fread:
            yield line


def print_email_list():
    """
    이메일 리스트를 출력한다.
    """
    for email in get_unique_emails('duplicate_emails'):
        print(email)
```

여기서 get_unique_emails 함수의 리스트에 있는 모든 이메일을 송신하는 위험은 생략한다.

모든 반환 함수에 제너레이터를 사용해야 한다는 것을 암시하지는 않는다. 특정 데이터 크기만 반환해야 한다는 것을 사전에 알고 있다면, 대신 리스트/튜플/집합/dict를 사용하는 것이 더 쉬울 수 있다. 예를 들어, 1장의 예제 1–23에서 100개의 이메일을 반환하는 경우 제너레이터를 사용하는 대신 리스트나 또 다른 데이터 구조를 사용하는 것이 좋다. 그러나 데이터 크기가 확실하지 않은 경우 제너레이터의 사용을 고려하면 많은 프로덕션 메모리 문제를 줄일 수 있다.

노트   파이썬 제너레이터를 숙지한다. 전문가 수준의 코드로 제너레이터를 사용하는 개발자는 많지 않지만 장점을 고려해야 한다. 제너레이터는 코드를 명확하게 하고 메모리 문제를 예방한다.

None 반환 대신 예외 발생

1장에서 예외를 살펴봤으므로, 여기서는 모든 예외 사례를 다루지 않을 것이다. 이번 절에서는 함수에서 None을 반환하는 것 대신에 오류가 존재하는 경우 예외를 발생시키는 것을 다룬다. 예외는 파이썬의 핵심 기능이며, 예외를 사용하는 동안 몇 가지 고려해야 할 사항이 있다.

많은 프로그래머가 코드에서 예기치 않은 문제가 발생하면 None을 반환하거나 무언가를 로깅하는 것을 봤다. 때때로 이 전략은 버그를 숨길 수 있기 때문에 위험할 수 있다.

또한 함수가 예외를 발생시키는 대신 None이나 일부 임의의 값을 반환하는 코드를 살펴봤는데, 이 코드는 호출자 함수caller function의 혼동을 초래하고 오류가 발생할 가능성이 높다. 예제 3–4를 살펴보자.

예제 3-4 None 반환

```
def read_lines_for_python(file_name, file_type):
    if not file_name or file_type not in ("txt", "html"):
        return None

    line = []
```

```
        with open(file_name, "r") as fileread:
            for line in fileread:
                if "python" in line:
                    return "Found Python"

if not read_lines_for_python("file_without_python_name", "pdf"):
    print("Not correct file format or file name doesn't exist")
```

예제 3-4에서는 파일에 파이썬 단어나 파일 관련 문제가 없으므로 read_lines_for_
python이 None을 반환하는지 확신할 수 없다. 이러한 종류의 코드는 코드에 예기치 않
은 버그를 유발할 수 있으며, 큰 코드 베이스에서는 버그를 찾기가 어려울 수 있다.

따라서 코드를 작성할 때 예기치 않은 문제가 생겨서 None이나 다른 값을 반환하는 상
황이 발생하면 예외 발생을 고려한다. 코드가 커질수록 자신의 버그를 쫓는 시간을
절약할 수 있다.

예제 3-5처럼 코드를 작성하는 것을 고려한다.

예제 3-5 None 대신 예외 발생

```
def read_lines_for_python(file_name, file_type):
    if file_type not in ("txt", "html"):
        raise ValueError("Not correct file format")
    if not file_name:
        raise IOError("File Not Found")

    with open(file_name, "r") as fileread:
        for line in fileread:
            if "python" in line:
                return "Found Python"

if not read_lines_for_python("file_without_python_name", "pdf"):
    print("Python keyword doesn't exists in file")

Result: >> ValueError("Not correct file format")
```

코드 실행이 실패할 때마다 예외가 발생한 이유를 살펴보면 실패의 원인을 알 수 있다. 추측하는 대신에 예외를 발생시키면, 버그를 조기에 발견하는 데 도움이 된다.

노트 파이썬은 동적 언어이므로 코드를 작성할 때, 특히 코드에서 예상치 못한 값을 발견할 때 주의해야 한다. 함수에서 반환된 기본값은 None이지만, 예기치 않은 상황마다 이를 과도하게 사용하면 안 된다. None을 사용하기 전에 코드를 더 명확하게 만들기 위해 예외를 발생시킬 수 있는지 생각해본다.

디폴트 및 키워드 인자를 사용한 행동 추가

키워드 인자keyword argument는 파이썬 코드를 더 읽기 쉽고 깔끔하게 만드는 데 유용하다. 키워드 인자는 기본값을 함수에 제공하는 데 사용하거나 키워드로 사용할 수 있다. 예제 3-6을 살펴보자.

예제 3-6 디폴트 인자

```
def calculate_sum(first_number=5, second_number=10):
    return first_number + second_number

calculate_sum()
calculate_sum(50)
calculate_sum(90, 10)
```

여기서는 키워드 인자를 사용해 기본값을 정의했지만, 함수를 호출하는 동안 기본값이나 사용자 정의 값이 필요한지 선택할 수 있다.

키워드 인자의 유용성은 큰 코드 베이스나 여러 인자를 가진 함수에서 중요하다. 키워드 인자는 코드를 좀 더 쉽게 이해할 수 있도록 해준다.

예제 3-7처럼 이메일 콘텐츠에 키워드를 사용해 스팸spam 이메일을 찾아야 하는 예제를 살펴보자.

```
def spam_emails(from, to, subject, size, sender_name, receiver_name):
    <코드의 나머지 부분>
```

키워드 인자 없이 spam_emails를 호출하는 경우는 예제 3-8과 같다.

```
spam_emails("ab_from@gmail.com",
            "nb_to@yahoo.com",
            "Is email spam",
            10000,"ab", "nb")
```

단지 예제 3-8의 라인을 조사하면, 이러한 모든 매개변수가 함수에 어떤 의미인지 추측하기 어렵다. 많은 매개변수가 함수를 호출하는 데 사용되는 것을 볼 수 있다면, 가독성을 위해 예제 3-9처럼 키워드 인자를 사용해 함수를 호출하는 것이 좋다.

```
spam_emails(from="ab_from@gmail.com",
            to="nb_to@yahoo.com",
            subject="Is email spam",
            size=10000,
            sender_name="ab",
            receiver_name="nb")
```

절대적인 규칙은 아니지만, 둘 이상의 함수 매개변수에 키워드 인자를 사용하는 것이 좋다. 함수 호출을 위해 키워드 인자를 사용하면 새로운 개발자는 코드를 더 잘 이해할 수 있다.

파이썬 3 이상에서는 다음과 같이 함수를 정의해 키워드 인자를 호출자 함수로 만들 수 있다.

```
def spam_email(from, *, to, subject, size, sender_name, receiver_name):
```

명시적인 None 반환 금지

명시적으로 반환하지 않으면 기본적으로 파이썬 함수는 None을 반환한다. 예제 3-10
을 살펴보자.

예제 3-10 디폴트 None 반환

```
def sum(first_number, second_number):
    sum = first_number + second_number

sum(80, 90)
```

여기서 sum 함수는 기본적으로 None을 반환한다. 하지만 많은 경우 사람들은 예제
3-11에 표시된 것처럼 함수에서 None을 명시적으로 반환하는 코드를 작성한다.

예제 3-11 명시적인 None 반환

```
def sum(first_number, second_number):
    if isinstance(first_number, int) and isinstance(second_number, int):
        return first_number + second_number
    else:
        return None

result = sum(10, "str") # None 반환
result = sum(10, 5) # 15 반환
```

여기서 결과는 함수 sum의 값일 것으로 예상되는데, None이나 두 숫자의 합을 반환할
수 있기 때문에 오해의 소지가 있다. 따라서 항상 None에 대한 결과를 확인할 필요가
있는데, 이는 코드에서 너무 많은 소음을 발생시키고 시간이 지남에 따라 코드를 더
복잡하게 만든다.

이 경우 예외를 발생시킬 수 있다. 예제 3-12를 살펴보자.

예제 3-12 None 반환 대신 예외 발생

```python
def sum(first_number, second_number):
    if isinstance(first_number, int) and isinstance(second_number, int):
        return first_number + second_number
    else:
        raise ValueError("Provide only int values")
```

주어진 입력이 리스트가 아닌 경우 명시적으로 None을 반환하는 두 번째 예를 예제 3-13에서 살펴보자.

예제 3-13 명시적 None 반환

```python
def find_odd_number(numbers):
    odd_numbers = []
    if not isinstance(numbers, list):
        return None
    for item in numbers:
        if item % 2 != 0:
            odd_numbers.append(item)
    return odd_numbers

num = find_odd_number([2, 4, 6, 7, 8, 10]) # 7 반환
num = find_odd_number((2, 4, 6, 7, 8, 10)) # None 반환
num = find_odd_number([2, 4, 6, 8, 10]) # [] 반환
```

홀수를 찾지 못하면 이 함수는 기본적으로 []를 반환한다. 이 함수는 숫자 타입이 리스트가 아닌 경우에도 None을 반환한다.

예제 3-14처럼 이 코드를 다시 작성하는 것을 고려할 수 있다.

예제 3-14 명시적 None을 반환하지 않음

```python
def find_first_odd_number(numbers):
    odd_numbers = []
```

```
    if not isinstance(numbers, list):
        raise ValueError("Only accept list, wrong data type")
    for item in numbers:
        if item % 2 != 0:
            odd_numbers.append(item)
    return odd_numbers

num = find_first_odd_number([2, 4, 6, 7, 8, 10]) # 7 반환
num = find_first_odd_number((2, 4, 6, 7, 8, 10)) # ValueError 예외 발생
num = find_first_odd_number ([2, 4, 6, 8, 10]) # [] 반환
```

이제 num 값을 확인하면 함수 호출에 []가 있는 정확한 이유를 알 수 있다. 이를 명시적으로 추가하면 홀수를 찾을 수 없을 때 예상되는 것을 알 수 있다.

방어적인 함수 작성

프로그래머는 언제든 오류에 빠질 수 있으므로, 코드를 작성할 때 실수하지 않을 것이라고 보장할 수는 없다. 이러한 사실을 감안해, 프로덕션으로 이동하기 전에 코드의 버그를 예방하거나 노출시킬 수 있는 함수나 프로덕션에서 버그를 찾을 수 있도록 도와주는 함수를 작성해 창의적인 조치를 취할 수 있다.

프로그래머가 코드를 프로덕션으로 이동하기 전에 코드 품질을 확실하게 하고자 할 수 있는 두 가지 작업이 있다.

- 로깅
- 단위 테스트

로깅

우선 로깅logging을 살펴보자. 로깅은 코드 디버깅을 시도할 때, 특히 문제가 진행되는 위치를 사전에 알 수 없는 경우 프로덕션에서 크게 도움이 될 수 있다. 성숙한 프로젝트, 특히 중대형 프로젝트에서는 로깅 없이 프로젝트를 오랫동안 유지 관리하기가 어

려울 수 있다. 코드에서 로깅을 진행하면, 프로덕션 문제가 발생할 경우 코드를 훨씬 쉽게 디버깅하고 진단할 수 있다.

예제 3-15와 같이 로깅 코드가 일반적으로 보이는 방법을 살펴보자. 이는 로깅을 작성하는 파이썬의 많은 방법 중 하나다.

예제 3-15 파이썬 로깅

```
# logging 모듈 임포트
import logging

logger = logging.getLogger(__name__) # 커스텀 로거 생성
handler = logging.StreamHandler() # 스트림핸들러 사용

# 로깅 레벨 설정
logger.setLevel(logging.WARNING)
logger.setLevel(logging.ERROR)

format_c = logging.Formatter("%(name) - %(levelname) - %(message)")
handler.setFormatter(format_c) # 핸들러에 포매터 추가
logger.addHandler(handler)

def division(divident, divisor):
    try:
        return divident/divisor
    except ZeroDivisionError:
        logger.error("Zero Division Error")

num = division(4, 0)
```

파이썬에는 포괄적이고 사용자 정의 가능한 logging 모듈이 있으며, 코드에서 다양한 수준의 로깅을 정의할 수 있다. 프로젝트에서 여러 타입의 오류가 존재하는 경우 상황의 심각도에 따라 해당 오류를 로깅할 수 있다. 예를 들어, 사용자 계정을 생성하는 과정에서의 실패는 마케팅 이메일 전송의 실패보다 더 심각하다.

파이썬 logging 모듈은 필요에 따라 로깅을 구성할 수 있는 다양한 기능을 제공하는 성숙한 라이브러리다.

단위 테스트

단위 테스트^{unit test}는 코드에서 가장 중요한 부분 중 하나다. 실무적으로 코드에서 단위 테스트를 의무화하면, 버그 발생을 예방할 수 있고 프로덕션 환경으로 전환하기 전에 코드에 대한 자신감을 가질 수 있다. 파이썬에는 단위 테스트를 쉽게 작성할 수 있는 훌륭한 라이브러리가 많다. 그중에서 py.test와 unittest는 인기 있는 라이브러리에 속한다. 이 라이브러리들은 8장에서 자세히 다룬다. 다음은 파이썬에서 단위 테스트를 작성하는 방법이다.

unittest

```
import unittest

def sum_numbers(x, y):
    return x + y

class SimpleTest(unittest.TestCase):
    def test(self):
        self.assertEqual(sum_numbers(3, 4), 7)
```

py.test

```
def sum_numbers(x, y):
    return x + y

def test_sum_numbers():
    assert func(3, 4) == 7
```

단위 테스트는 올바르게 작성할 때 중요한 역할을 할 수 있다.

- 단위 테스트를 코드의 문서로 사용할 수 있는데, 이는 코드를 다시 살펴보거나 새로운 개발자가 프로젝트에 참여할 때 매우 유용하다.
- 단위 테스트는 코드에서 예상되는 동작을 수행한다는 확신을 줄 수 있다. 함수에 대한 테스트가 있을 때 코드를 변경해도 함수가 중단되지 않도록 할 수 있다.
- 프로덕션으로 전환하기 전에 단위 테스트를 실행하기 때문에 오래된 버그가 코드에 들어가지 않도록 할 수 있다.

일부 개발자는 TDD^(Test-Driven Development)에서 코드를 작성해 단위 테스트를 뛰어넘지만, TDD가 단위 테스트를 가진다는 의미는 아니다. 사용자가 사용해야 하는 모든 프로젝트에는 단위 테스트가 있어야 한다.

노트 성숙한 프로젝트에서 로깅과 단위 테스트는 필수이며, 코드의 버그를 예방하는 데 크게 도움이 될 수 있다. 파이썬은 logging이라는 라이브러리를 제공한다. 파이썬에는 단위 테스트를 위한 다양한 옵션이 있으며, py.test와 unittest는 널리 사용되는 옵션이다.

단일 표현식으로 람다 사용

람다는 파이썬의 흥미로운 기능이지만 가급적 사용을 피하는 것이 좋다. 나는 지금껏 람다가 과도하게 사용되거나 잘못 사용되는 많은 코드를 접해왔다.

PEP8은 예제 3-16에 표시된 코드처럼 작성하지 않기를 권장한다.

예제 3-16 람다

```
sorted_numbers = sorted(numbers, key=lambda num: abs(num), reverse=True)
```

그 대신 예제 3-17처럼 코드를 작성한다.

예제 3-17 일반 함수 사용

```
def sorted_numbers(numbers):
    return sorted(numbers, reverse=True)
```

람다를 피해야 할 몇 가지 이유가 있다.

- 람다는 한 라인 표현이지만, 코드를 읽기 어렵게 만든다. 예를 들어 다음 코드
  는 많은 개발자가 람다에 대해 불편해지도록 만든다.

  ```
  sorted(numbers, key=lambda num: abs(num), reverse=True)
  ```

- 람다 표현식은 잘못 사용되기가 쉽다. 개발자는 종종 한 라인 표현식을 작성해
  코드를 영리하게 만들려고 시도하지만, 이는 결국 다른 개발자가 코드를 따라
  가기 어렵게 만든다. 그리고 실제로 코드에 더 많은 버그가 발생할 수 있다. 예
  제 3-18을 살펴보자.

예제 3-18 람다 함수 오용

```
import re
data = ['abc0', 'abc9', 'abc5', 'cba2']
convert = lambda text: float(text) if text.isdigit() else text
alphanum = lambda key: [convert(c) for c in re.split('([-+]?[0-9]*\.?[0-9]*)', key) ]
data.sort( key=alphanum )
```

예제 3-18의 코드는 람다 함수를 오용하고 있으며, 함수가 사용됐는지 이해하기가
더 어렵다.

다음과 같은 경우 람다를 사용하는 것이 좋다.

- 팀원 모두 람다 표현식을 이해하는 경우
- 함수를 사용하는 것보다 코드를 이해하기 쉽게 만드는 경우
- 진행하고 있는 작업이 사소하고 함수에 이름이 필요하지 않은 경우

클래스

다음으로는 클래스를 다룰 것이다.

클래스의 올바른 크기

어떤 언어든지 객체지향 프로그래밍^{Object-Oriented Programming}(OOP)을 하고 있다면 클래스의 올바른 크기가 무엇인지 궁금할 것이다.

클래스를 작성할 때는 항상 단일 책임 원칙(SRP)을 기억하자. 명확하게 정의된 경계를 갖고 명확하게 정의된 책임을 가진 클래스를 작성하는 경우에는 클래스 코드 라인에 대해 걱정할 필요가 없다. 어떤 사람들은 하나의 파일로 이뤄진 하나의 클래스가 클래스의 좋은 척도라고 생각한다. 그러나 파일 자체가 눈에 띄게 큰 코드를 봤는데, 파일당 하나의 클래스를 보는 것이 혼란스럽고 오해의 소지가 있다. 클래스가 하나의 작업보다 더 많은 작업을 하고 있다는 것을 알면, 새로운 클래스를 생성해야 할 때다. 때로는 책임의 측면에서 종이 한 장 차이다. 그러나 클래스에 새 코드를 추가할 때는 주의해야 한다. 책임의 경계를 넘는 것은 원하지 않는다.

각 메서드와 코드 라인을 주의 깊게 살펴보고 해당 메서드나 코드의 일부가 클래스의 전반적인 책임에 적합한지를 생각하는 것이 클래스 구조를 조사하는 좋은 방법이다.

UserInformation이라는 클래스가 있다고 가정하자. 이 클래스에 각 사용자의 지불 정보와 주문 정보는 추가하고 싶지 않다. 사용자와 관련된 정보가 필수적이지 않은 사용자 정보일지라도, 지불 정보와 주문 정보는 지불된 사용자의 활동에 더 가깝다. 클래스를 작성하기 전에 이러한 책임이 정의돼 있는지 확인하려고 한다. UserInformation 클래스가 사용자 활동이 아닌 사용자 정보의 상태를 유지하도록 정의할 수 있다.

중복 코드는 클래스가 예상보다 많은 작업을 수행할 수 있다는 또 다른 힌트다. 예를 들어, Payment라는 클래스가 있고 데이터베이스 연결 생성, 사용자 정보 획득, 사용자 신용카드 정보 획득 등과 같은 목적을 위해 데이터베이스에 액세스하고자 10 라인의 코드를 작성하는 경우에는 데이터베이스에 접속하는 다른 클래스의 생성을 고려할 수 있다. 이후 다른 클래스는 이 클래스를 사용해 모든 장소에서 동일한 코드나 메서드를 복제하지 않고도 데이터베이스에 액세스할 수 있다.

코드를 작성하기 전에 클래스 범위를 명확하게 정의하고 클래스 범위 정의를 고수하면 대부분의 클래스 크기 문제를 해결할 수 있을 것이다.

클래스 구조

나는 이 순서대로 클래스 구조를 선호한다.

1. 클래스 변수
2. __init__
3. 내장 파이썬 특수 메서드(__call__, __repr__ 등)
4. 클래스 메서드
5. 정적 메서드
6. 속성Property
7. 인스턴스 메서드
8. 프라이빗 메서드

예를 들어 예제 3-19와 같은 코드를 원할 수 있다.

예제 3-19 클래스 구조

```
class Employee(Person):
    POSITIONS = ("Superwiser", "Manager", "CEO", "Founder")

    def __init__(self, name, id, department):
        self.name = name
        self.id = id
        self.department = department
        self.age = None
```

```
        self._age_last_calculated = None
        self._recalculated_age()

    def __str__(self):
        return ("Name: " + self.name + "\nDepartment: "
                + self.department)

    @classmethod
    def no_position_allowed(cls, position):
        return [t for t in cls.POSITIONS if t != position]

    @staticmethod
    def c_positions(cls, position):
        return [t for t in cls.TITLES if t in position]

    @property
    def id_with_name(self):
        return self.id, self.name

    def age(self):
        if (datetime.date.today() > self._age_last_recalculated):
            self._recalculated_age()
        return self.age

    def _recalculated_age(self):
        today = datetime.date.today()
        age = today.year - self.birthday.year
        if today < datetime.date(
            today.year, self.birthday.month,
            self.birthday.year):
            age -= 1
        self.age = age
        self._age_last_recalculated = today
```

클래스 변수

이러한 변수는 상수나 기본 인스턴스 변수이므로 일반적으로 최상위에 클래스 변수를 표시하길 원한다. 이는 개발자가 이러한 상수 변수를 사용할 준비가 됐음을 나타내므로 다른 인스턴스 메서드나 생성자보다 먼저 클래스의 최상위에 유지해야 하는 유용한 정보다.

__init__

이것은 클래스 생성자이고, 호출 메서드/클래스는 클래스에 접근하는 방법을 알아야 한다. __init__는 클래스를 호출하는 방법과 클래스에 속한 상태를 알려주는 모든 클래스의 관문을 나타낸다. __init__는 클래스의 사용을 시작하기 전에 제공할 클래스의 주요 입력에 대한 정보도 제공한다.

특수 파이썬 메서드

특수 메서드special method는 클래스의 기본 동작을 변경하거나 클래스의 추가 기능을 제공하므로 클래스 최상위에 있는 클래스 리더가 클래스의 일부 사용자 정의 기능을 인식하게 한다. 또한 재정의되는 이러한 메타클래스는 파이썬 클래스의 일반적인 동작을 변경해 클래스가 다른 것을 시도하고 있다는 생각을 갖게 한다. 특수 메서드를 최상위에 두면, 사용자는 클래스 코드의 나머지 부분을 읽기 전에 클래스의 수정된 동작을 염두에 둘 수 있다.

클래스 메서드

클래스 메서드class method는 다른 생성자로 작동하므로 __init__ 근처에 유지하는 것이 옳다. __init__를 사용해 생성자를 생성하지 않고 클래스를 사용할 수 있는 다른 방법을 개발자에게 알려준다.

정적 메서드

정적 메서드static method는 클래스 메서드와 같은 클래스의 객체가 아니라 클래스에 바인딩된다. 클래스 상태를 수정할 수 없으므로 특정 목적에 사용되는 메서드를 인식하기 위해 정적 메서드를 상단에 추가하는 것이 좋다.

인스턴스 메서드

인스턴스 메서드$^{instance\ method}$는 클래스의 동작을 추가하므로, 개발자는 클래스가 특정 동작을 갖고 있는 경우 인스턴스 메서드가 클래스의 일부가 될 것으로 예상한다. 따라서 특수 메서드로 유지하면 코드를 더 쉽게 이해할 수 있다.

프라이빗 메서드

파이썬은 private 키워드 개념이 없으므로, 메서드 이름에 _<name>을 사용하면 독자에게 이것이 private 메서드임을 알려주므로 키워드를 사용하지 않는다. 이는 인스턴스 메서드로 최하단에 유지할 수 있다.

여러분이 코드를 쉽게 이해할 수 있도록 인스턴스 메서드 주위에 private 메서드를 유지하는 것이 좋다. 인스턴스 메서드 전에 private 메서드를 가질 수 있으며, 그 반대도 가능하다. 호출된 메서드에 가장 가까운 메서드를 호출하는 것이다.

노트　파이썬은 객체지향 언어(OOP)이며 파이썬으로 클래스를 작성할 때는 그렇게 취급해야 한다. OOP의 모든 규칙을 준수해도 해가 되지 않으며, 클래스를 작성하는 동안 여러분이 클래스를 이해하기 쉽도록 해준다. 메서드 중 하나가 다른 메서드를 사용 중인 경우에는 인스턴스 메서드들이 서로의 옆에 있어야 한다. private 메서드도 마찬가지다.

@property를 사용하는 올바른 방법

@property 데코레이터(5장에서 다룬다.)는 값을 가져오고 설정하는 데 유용한 파이썬 기능 중 하나다. 클래스에는 @property 사용을 고려할 수 있는 두 가지 위치가 있다. 하나는 속성 뒤에 숨겨진 복잡한 코드 안이고, 다른 하나는 set 속성의 유효성 검사 내부다. 예제 3-20을 살펴보자.

```
class Temperature:
    def __init__(self, temperature=0):
        self.temperature = temperature

    @property
    def fahrenheit(self):
        self.temperature = (self.temperature * 1.8) + 32

temp = Temperature(10)
temp.fahrenheit
print(temp.temperature)
```

이 코드의 문제점은 무엇인가? fahrenheit 메서드에서 속성 데코레이터^{property decorator}를 사용하고 있지만, 메서드는 어떠한 값을 반환하는 대신 self.temperature 변수 값을 수정한다. 속성 데코레이터를 사용할 때는 값을 반환해야 한다. 이로써 속성 데코레이터를 사용할 때 호출 클래스/메서드에서 메서드로부터 반환되는 것을 더 쉽게 기대할 수 있다. 따라서 예제 3-21처럼 값을 반환하고 코드의 게터^{getter}로 속성 데코레이터 메서드를 사용한다.

```
class Temperature:
    def __init__(self, temperature=0):
        self.temperature = temperature

    @property
    def fahrenheit(self):
        return (self.temperature * 1.8) + 32
```

속성 데코레이터는 값의 유효성을 확인/필터링하는 데도 사용되며, 자바와 같은 다른 프로그래밍 언어의 세터^{setter}와 동일하다. 파이썬에서는 속성 데코레이터를 사용해 특정 정보의 유효성을 확인/필터링할 수 있다. 나는 개발자가 일반적으로 파이썬에서 세터 속성 데코레이터의 힘을 깨닫지 못하는 것을 많이 봤다. 적절한 방법으로 코드를 만들면, 코드가 읽기 쉬워지며 때때로 잊어버리는 코너 버그corner bug에서 벗어날 수 있다.

예제 3-22는 파이썬에서 속성 데코레이터를 사용해 유효성 검사를 구현하는 예제다. 특정 값을 설정할 때 유효성을 검사해 개발자가 코드를 읽기 쉽고 이해하기 쉽게 만든다.

이 예제에서는 화씨Fahrenheit로 온도를 설정하는 Temperature라는 클래스가 있다. 속성 데코레이터를 사용해 온도 값을 얻고 설정하면 Temperature 클래스가 호출자 입력caller input을 좀 더 쉽게 할 수 있다.

예제 3-22 클래스 속성 데코레이터

```python
class Temperature:
    def __init__(self, temperature=0):
        self._temperature = temperature

    @property
    def fahrenheit(self):
        return self._temperature

    @fahrenheit.setter
    def fahrenheit(self, temp):
        if not isinstance(temp, int):
            raise("Wrong input type")

        self._temperature = (self._temperature * 1.8) + 32
```

fahrenheit 세터 메서드는 화씨 온도를 계산하기 전에 유효성 검사를 수행하므로, 호출 클래스에서는 잘못된 입력의 경우 예외가 발생할 수 있다. 호출 클래스는 입력 없이 fahrenheit 메서드를 호출해 화씨 값을 얻는다.

항상 올바른 컨텍스트에서 속성 키워드들을 사용하고, 그 키워드들을 파이써닉 방식으로 코드를 작성하는 게터와 세터로 간주한다.

정적 메서드 사용 시기

정의에 따르면, 정적 메서드는 클래스와 관련이 있지만 클래스마다 특정 데이터에 액세스할 필요가 없다. 정적 메서드에서는 self나 cls를 사용하지 않는다. 이러한 메서드는 클래스 상태에 대한 종속성 없이 자체적으로 작동할 수 있다. 이것이 독립형 함수 대신 정적 메서드를 사용할 때 혼동을 일으키는 주된 이유 중 하나다.

파이썬으로 클래스를 작성할 때 비슷한 종류의 메서드를 그룹화하고 다른 변수를 사용하는 메서드를 사용해 특정 상태를 유지하려고 한다. 클래스의 객체를 사용해 다른 작업을 수행하려고도 한다. 하지만 메서드를 정적으로 만들면, 이 메서드는 클래스 상태에 액세스할 수 없으며 해당 상태에 액세스하기 위해 객체나 클래스 변수가 필요하지 않다. 그럼 정적 메서드는 언제 사용해야 할까?

클래스를 작성할 때 함수로서 단독으로 존재할 수 있고 특정 행동을 수행하기 위해 클래스 상태가 필요하지 않은 메서드가 있을 수 있다. 때로는 클래스의 일부분으로 정적 메서드를 생성하는 것이 합리적이다. 클래스가 사용하기 위한 유틸리티 메서드로서 이 정적 메서드를 사용할 수 있다. 하지만 왜 클래스 외부에서 독립 함수를 만들지 않는가? 분명히 그렇게 할 수 있지만, 클래스 내부에 유지하면 해당 함수를 클래스와 쉽게 연관시킬 수 있다. 예제 3-23의 간단한 예를 사용해 이것을 이해하자.

예제 3-23 정적 메서드 미사용

```
def price_to_book_ratio(market_price_per_share, book_value_per_share):
    return market_price_per_share/book_value_per_share

class BookPriceCalculator:
    PER_PAGE_PRICE = 8

    def __init__(self, pages, author):
        self.pages = pages
```

```
        self.author = author

    @property
    def standard_price(self):
        return self.pages * PER_PAGE_PRICE
```

여기서 price_to_book_ratio 메서드는 BookPriceCalculator 상태를 사용하지 않고도 작동할 수 있지만, BookPricing 클래스와 관련돼 있으므로 BookPriceCalculator 클래스 내에 유지하는 것이 좋다. 따라서 예제 3-24와 같이 이 코드를 작성할 수 있다.

예제 3-24 정적 메서드 사용

```
class BookPriceCalculator:
    PER_PAGE_PRICE = 8

    def __init__(self, pages, author):
        self.pages = pages
        self.author = author

    @property
    def standard_price(self):
        return self.pages * PER_PAGE_PRICE

    @staticmethod
    def price_to_book_ratio(market_price_per_share, book_value_per_share):
        return market_price_per_share/book_value_per_share
```

여기서는 정적 메서드로 만들고 클래스 메서드나 변수를 사용할 필요가 없지만, Book PriceCalculator 클래스와 관련이 있으므로 정적 메서드로 만든다.

파이써닉 방법의 추상 클래스 상속 사용

추상화abstraction는 파이썬의 멋진 기능 중 하나이며, 상속된 클래스가 예상대로 구현되도록 하는 데 도움을 준다. 인터페이스에서 추상 클래스를 보유하는 주요 목적은 무엇인가?

- 추상화를 사용해 인터페이스 클래스를 만들 수 있다.
- 추상 메서드를 구현하지 않으면 인터페이스 사용을 불가능하게 할 수 있다.
- 추상 클래스 규칙을 준수하지 않으면 초기 오류가 발생한다.

파이썬에서 잘못된 방식으로 추상화를 구현하면 이러한 장점이 OOPS 추상화 규칙을 위반할 수 있다. 예제 3-25는 파이썬 추상화 기능을 완전히 사용하지 않고 추상 클래스를 생성하는 코드를 보여준다.

예제 3-25 잘못된 방법의 추상 클래스

```
class Fruit:
    def taste(self):
        raise NotImplementedError()

    def originated(self):
        raise NotImplementedError()

class Apple:
    def originated(self):
        return "Central Asia"

fruit = Fruit()
fruit.originated() # Central Asia
fruit.taste() # NotImplementedError
```

따라서 문제는 다음과 같다.

- Apple 또는 Fruit 클래스를 오류 없이 초기화할 수 있다. 클래스의 객체를 생성하자마자 예외가 발생했을 것이다.
- 그 코드는 taste 메서드를 사용할 때까지 불완전한 클래스라는 것을 인식하지 못한 채 프로덕션으로 이동했을 수 있다.

그렇다면 파이썬에서 추상 클래스를 정의해 이상적인 추상 클래스의 요구 사항을 충족시키는 좋은 방법은 무엇인가? 파이썬은 추상 클래스에서 기대하는 것을 수행하는 abc라는 모듈을 제공함으로써 이 문제를 해결한다. 예제 3-26과 같이 abc 모듈을 사용해 추상 클래스를 다시 구현하자.

예제 3-26 올바른 방법의 추상 클래스

```python
from abc import ABCMeta, abstractmethod

class Fruit(metaclass=ABCMeta):

    @abstractmethod
    def taste(self):
        pass

    @abstractmethod
    def originated(self):
        pass

class Apple:
    def originated(self):
        return "Central Asia"

fruit = Fruit()
TypeError:
" Can't instantiate abstract class Fruit with abstract methods originated, taste"
```

abc 모듈을 사용해 모든 예상되는 메서드를 구현하고, 유지 보수 가능한 코드를 제공하며, 프로덕션에 섣부른 코드half-baked code가 없는지 확인한다.

클래스 상태 액세스를 위한 @classmethod 사용

클래스 메서드는 __init__ 메서드를 사용하는 것 외에 대체 생성자alternative constructor를 생성할 수 있는 유연성을 제공한다.

그럼 코드에서 클래스 메서드를 활용할 수 있는 곳은 어디일까? 앞에서 언급했듯이 클래스 객체를 전달해 여러 생성자를 생성하는 것이 확실한 방법이므로 파이썬에서 팩토리 패턴^{factory pattern}을 생성하는 것은 가장 쉬운 방법 중 하나다.

호출 메서드에서 다중 형식 입력이 예상되고 표준화 값을 반환해야 하는 시나리오를 고려하자. 여기서는 직렬화 클래스^{serialization class}가 좋은 예제다. User 객체를 직렬화하고 사용자의 성과 이름을 반환해야 하는 클래스가 있다고 가정한다. 그러나 클라이언트의 인터페이스를 좀 더 쉽게 사용할 수 있고 인터페이스가 문자열, JSON, 객체 또는 파일이라는 네 가지 형식 중 하나를 얻을 수 있는지 확인해야 한다. 팩토리 패턴을 사용하는 것이 이 문제를 해결하는 효과적인 방법일 수 있으며, 이것이 클래스 메서드가 유용한 위치다. 예제 3-27을 살펴보자.

예제 3-27 직렬화 클래스

```python
class User:

    def __init__(self, first_name, last_name):
        self.first_name = first_name
        self.last_name = last_name

    @classmethod
    def using_string(cls, names_str):
        first, second = map(str, names_str.split(""))
        student = cls(first, second)
        return student

    @classmethod
    def using_json(cls, obj_json):
        # json 객체 파싱...
        return student

    @classmethod
    def using_file_obj(cls, file_obj):
        # 파일 객체 파싱...
        return student
```

```
data = User.using_string("Larry Page")
data = User.using_json(json_obj)
data = User.using_file_obj(file_obj)
```

여기서 클라이언트 클래스가 클라이언트 데이터를 기반으로 특정 클래스 상태에 액세스하기 위한 인터페이스처럼 동작하는 User 클래스와 다중 클래스 메서드를 생성한다.

클래스 메서드는 여러 클래스로 큰 프로젝트를 구축할 때 유용한 기능이며, 깔끔한 인터페이스를 통해 코드를 장기적으로 유지할 수 있다.

private 대신 public 속성 사용

알다시피 파이썬에는 클래스에 대한 private 속성 개념이 없다. 그러나 dunder _<var_name> 변수 이름을 사용해 메서드를 private으로 표시하는 코드를 사용했거나 봤을 수 있다. 여전히 이러한 변수에 액세스할 수는 있지만 금지된 것으로 간주되므로, 파이썬 커뮤니티에서는 dunder _<var_name> 변수나 메서드를 private으로 간주하는 것으로 합의했다.

이 사실을 고려하면, 여전히 코드를 번거롭고 불안정하게 만들 수 있기 때문에 원하는 모든 곳에서 클래스 변수의 사용을 자제할 것을 제안한다.

private 인스턴스 변수로 _full_name을 가진 Person 클래스가 있다고 가정하자. _full_name 인스턴스 변수에 액세스하기 위해 get_name이라는 메서드를 생성했는데, 이 메서드는 호출자 클래스caller class가 private 메서드에 직접 액세스하지 않고 변수에 대한 액세스 권한을 부여한다. 예제 3-28을 살펴보자.

예제 3-28 잘못된 위치에서 _ 사용

```
class Person:

    def __init__(self, first_name, last_name):
```

```
        self._full_name = f"${first_name} ${last_name}"

    def get_name(self):
        return self._full_name

per = Person("Larry", "Page")
assert per.get_name() == "Larry Page"
```

하지만 이것은 여전히 변수를 private으로 만드는 잘못된 방법이다.

보다시피 Person 클래스는 _full_name으로 이름을 지정해 속성을 숨기려고 한다. 하지만 코드의 의도가 _full_name 변수에만 액세스하는 사용자를 제한하는 것일지라도, 코드를 훨씬 더 번거롭고 읽기 어렵게 만든다. 다른 모든 private 변수에 대해 이 작업을 고려하면 코드가 복잡해질 수 있다. 클래스에 private 변수가 많고 private 변수만큼 메서드를 정의해야 하는 경우 어떻게 될지 상상해보자.

파이썬은 변수와 메서드에 대한 private 액세스를 강제하지 않으므로 호출자 클래스 혹은 메서드에 노출하고 싶지 않을 때마다 클래스 변수나 메서드를 private으로 생성한다. 따라서 클래스 변수와 메서드를 private으로 생성하는 것은 이러한 메서드 또는 변수가 액세스되거나 재정의돼서는 안 되는 호출자 클래스 또는 메서드와 통신하는 방법이다.

public 클래스를 상속하려고 할 때 해당 public 클래스와 변수를 제어할 수 없는 경우 코드에 __<var_name> 이름을 사용할 것을 제안한다. 코드에서 충돌을 피하려면, 이름 변경 문제를 피하기 위해 __<var_name>을 사용하는 것이 좋다. 예제 3-29의 간단한 예를 살펴보자.

예제 3-29 Public 클래스 상속 시 __ 사용

```
class Person:
    def __init__(self, first_name, last_name):
        self.age = 50
        self.full_name = first_name + last_name
```

```python
    def get_name(self):
        return self.full_name

class Child(Person):
    def __init__(self, first_name, last_name):
        super().__init__(first_name, last_name)
        self.__age = 20

ch = Child("Larry", "Page")
print(ch.age) # 50
print(ch._Child__age) # 20
```

요약

파이썬은 자바와 같은 다른 프로그래밍 언어처럼 변수/메서드나 클래스에 대한 액세스 제어가 없다. 하지만 파이썬은 모든 것을 public으로 생각하지만, 파이썬 커뮤니티는 private 개념과 public 개념을 포함한 몇몇 규칙들에 대해 합의를 봤다. 여러분은 코드가 높은 가독성을 갖고 다른 개발자에게 돋보일 수 있도록 이러한 기능을 언제 사용해야 하는지, 언제 피해야 하는지도 알아야 한다.

4장

모듈 및 메타클래스 작업

모듈module과 메타클래스metaclass는 파이썬의 중요한 기능이다. 대규모 프로젝트에서 작업하는 경우, 모듈과 메타프로그래밍을 잘 이해하면 좀 더 명확한 코드를 작성하는 데 도움이 될 것이다. 파이썬의 메타클래스는 특정 용도로 사용할 때까지 신경 쓸 필요가 없는 일종의 숨겨진 기능이다. 모듈은 코드/프로젝트를 구조화하고 코드를 구성하는 데 도움이 된다.

모듈과 메타클래스는 큰 개념이므로 여기서 자세히 설명하기가 어렵다. 4장에서는 모듈과 메타프로그래밍에 관한 몇 가지 유용한 방법을 살펴본다.

모듈과 메타클래스

시작하기 전에 파이썬 세계에서 통용되는 모듈과 메타클래스의 개념을 간단히 살펴본다.

모듈은 단순히 .py 확장자를 가진 파이썬 파일이며, 모듈 이름이 곧 파일 이름이 될 것이다. 모듈에는 여러 함수나 클래스가 있을 수 있다. 파이썬에서 모듈의 아이디어는 여기에 표시된 것처럼 프로젝트의 기능을 논리적으로 분리하는 것이다.

```
users/
users/payment.py
users/info.py
```

---

payment.py와 info.py는 사용자의 결제 및 정보 기능을 논리적으로 분리하는 모듈이다. 모듈은 코드를 좀 더 쉽게 구성할 수 있도록 도와준다.

메타클래스는 큰 주제이지만, 간단히 말하면 클래스를 생성하는 청사진이라고 할 수 있다. 다시 말해 클래스는 인스턴스를 생성하고, 메타클래스는 클래스를 생성할 때 필요한 것에 따라 클래스 동작을 자동으로 변경하는 데 도움이 된다.

awesome으로 모듈의 모든 클래스를 생성해야 한다고 가정하자. 모듈 레벨에서 __metaclass__를 사용해 수행할 수 있다. 예제 4-1을 살펴보자.

예제 4-1 메타클래스 예제

```python
def awesome_attr(future_class_name, future_class_parents, future_class_attr):
    """
    awesome 키워드로 속성 접두사 리스트를 가진 클래스 객체를 반환한다.
    """
    # '__'로 시작하지 않고 awesome 접두사 속성을 선택한다
    uppercase_attr = {}
    for name, val in future_class_attr.items():
        if not name.startswith('__'):
            uppercase_attr["_".join("awesome", name)] = val
        else:
            uppercase_attr[name] = val

    # 'type'으로 클래스를 생성하자
    return type(future_class_name, future_class_parents, uppercase_attr)

__metaclass__ = awesome_attr # 모듈의 모든 클래스에 영향을 미칠 것이다
```

126

```
class Example: # 글로벌 __metaclass__는 '객체'와 함께 작동하지 않을 것이다
    # 그러나 이 클래스에만 영향을 미치도록 __metaclass__를 여기서 정의할 수 있다
    # 그리고 '객체' 자식과 함께 작동할 것이다
    val = 'yes'
```

__metaclass__는 여러 메타클래스 개념 중 하나의 기능이다. 파이썬에서 제공하는 여러 메타클래스는 필요에 따라 활용할 수 있으며, 관련 내용은 https://docs.python.org/3/reference/datamodel.html에서 확인할 수 있다.

이제 코드를 작성하고 메타클래스 사용이나 모듈 구축을 고려하면서 파이썬에서 따라야 할 몇 가지 모범 사례를 살펴보자.

모듈이 코드를 구성하는 데 도움이 되는 방법

이번 절에서는 코드를 구성하는 데 모듈이 유용한 방법을 살펴본다. 모듈은 관련 함수, 변수, 클래스를 보유해 코드를 분리하는 데 도움이 된다. 다시 말해, 파이썬 모듈은 프로젝트의 여러 레이어를 여러 모듈에 배치해 추상화할 수 있는 도구를 제공한다.

사용자가 제품을 구매할 수 있는 전자상거래 웹 사이트를 구축해야 한다고 가정하자. 이런 종류의 프로젝트를 구축하기 위해 특정 목적을 가진 여러 레이어의 생성을 원할 수 있다. 하이 레벨high level에서는 제품 선택, 카트에 제품 추가, 지불과 같은 사용자 작업에 대한 계층을 갖는 것을 고려할 수 있다. 이러한 모든 레이어에는 하나의 함수나 두 개의 함수만 있을 수 있으며, 하나의 파일이나 각기 다른 파일에 유지할 수 있다. 카트에 제품을 추가하는 것과 같이 다른 모듈의 결제 모듈처럼 계층의 하위 레벨을 사용하려는 경우, 카트에 추가할 때 from ... import와 같은 import 구문을 단순히 사용하면 된다.

더 나은 모듈을 생성하는 데 도움이 되는 몇 가지 규칙을 살펴보자.

- 모듈 이름을 짧게 유지한다. 밑줄을 사용하지 않거나 밑줄을 최소한으로 유지하는 것도 좋다.

  추천하지 않는 방법:

  ```
  import user_card_payment
  import add_product_cart
  from user import cards_payment
  ```

  추천하는 방법:

  ```
  import payment
  import cart
  from user.cards import payment
  ```

- 점(.)이나 대문자, 여러 특수 문자를 가진 이름은 피한다. 따라서 credit.card. py와 같은 파일 이름은 피해야 한다. 이름에 이러한 종류의 특수 문자를 사용하면, 다른 개발자에게 혼란을 주고 코드의 가독성에 부정적인 영향을 미칠 수 있다. PEP8은 또한 이러한 특수 문자를 네이밍에 사용하지 않는 것을 권장한다.

  추천하지 않는 방법:

  ```
  import user.card.payment
  import USERS
  ```

  추천하는 방법:

  ```
  import user_payment
  import users
  ```

- 코드의 가독성을 고려할 때 특정 방식으로 모듈을 가져오는 것이 중요하다.

추천하지 않는 방법:

```
[...]
from user import *
[...]
cart = add_to_cart(4) # add_to_cart는 user의 일부인가? 내장형인가? 위에서 정의했는가?
```

추천하는 방법:

```
from user import add_to_cart
[...]
x = add_to_cart(4) # add_to_cart는 중간에 재정의되지 않은 경우 user의 일부일 수 있다
```

더 추천하는 방법:

```
import user
[...]
x = user.add_to_cart(4) # add_to_cart는 보이는 것처럼 모듈 네임스페이스의 일부다
```

user.add_to_cart는 add_to_cart 함수 위치를 식별하는 데 유용한 이전 예제와 같이 모듈의 출처를 알 수 있으면 가독성에 도움이 된다.

모듈을 잘 활용하면 프로젝트가 다음 목표를 달성하는 데 도움이 될 수 있다.

- **범위**scoping: 코드의 다른 부분에서 식별자 간의 충돌을 피하는 데 도움이 된다.
- **유지 관리**maintainability: 모듈은 코드에서 논리적 경계를 정의할 수 있도록 돕는다. 코드에 너무 많은 의존성이 있으면 개발자는 큰 프로젝트에서 모듈 없이 작업하기가 어렵다. 모듈을 사용하면, 하나의 모듈에서 상호 의존적인 코드를 분리해 이러한 경계를 정의하고 의존성을 최소화할 수 있다. 또한 큰 프로젝트에서 많은 개발자가 서로 간섭하지 않고도 기여할 수 있도록 도와준다.
- **단순성**simplicity: 모듈을 사용하면 큰 문제를 더 작은 부분으로 나눌 수 있으므로 코드 작성이 훨씬 쉬워지고 다른 개발자가 더 읽기 쉽게 할 수 있다. 또한 코드

를 디버깅하고 오류 발생 가능성을 줄이는 데도 유용하다.

- **재사용**[reusability]: 모듈이 갖는 주요 이점 중 하나다. 모듈은 프로젝트 내의 라이브러리와 API 같은 각기 다른 파일에서 쉽게 사용할 수 있다.

결국 모듈이 코드를 구성하도록 돕는 것이다. 특히 여러 개발자가 코드 베이스의 다른 부분에서 작업하는 대규모 프로젝트에서는 모듈을 신중하고 논리적으로 정의하는 것이 매우 중요하다.

__init__ 파일 활용

파이썬 3.3 이후로 __init__.py는 디렉터리가 파이썬 패키지임을 나타내기 위해 필요하지 않다. 파이썬 3.3 이전에는 디렉터리를 패키지로 만들려면 빈 __init__.py 파일이 있어야 했다. 하지만 __init__.py 파일은 코드를 쉽게 만들고 특정 방식으로 패키지화하기 위해 여러 시나리오에서 유용할 수 있다.

__init__.py의 주요 용도 중 하나는 모듈을 여러 파일로 분할하는 것이다. purchase 라는 모듈이 있고 Cart와 Payment라는 두 개의 다른 클래스가 있는 시나리오를 생각해 본다. Cart는 제품을 카트에 추가하고 Payment 클래스는 제품에 대한 결제 작업을 수행한다. 예제 4-2를 살펴보자.

예제 4-2 모듈 예제

```python
# purchase 모듈

class Cart:
    def add_to_cart(self, cart, product):
        self.execute_query_to_add(cart, product)

class Payment:
    def do_payment(self, user, amount):
        self.execute_payment_query(user, amount)
```

코드를 구조적으로 잘 구성하기 위해 이 두 가지 기능(cart와 payment에 추가)을 다른 모듈로 분할하려 한다고 가정한다. 다음과 같이 Cart 클래스와 Payment 클래스를 두 개의 다른 모듈로 이동하면 된다.

```
purchase/
    cart.py
    payment.py
```

예제 4-3과 같이 cart 모듈을 코딩하는 것을 고려할 수도 있다.

예제 4-3 Cart 클래스 예제

```python
# cart 모듈

class Cart:
    def add_to_cart(self, cart, product):
        self.execute_query_to_add(cart, product)
        print("Successfully added to cart")
```

예제 4-4와 같이 payment 모듈을 고려해보자.

예제 4-4 Payment 클래스 예제

```python
# payment 모듈

class Payment:
    def do_payment(self, user, amount):
        self.execute_payment_query(user, amount)
        print(f"Payment of ${amount} successfully done!")
```

이제 이러한 모듈을 __init__.py 파일에서 같이 존재할 수 있다.

```python
from .cart import Cart
from .payment import Payment
```

이 단계를 따르면, 다음과 같이 패키지의 다른 기능을 사용하도록 클라이언트에 공통 인터페이스를 제공한 것이다.

```
import purchase
>>> cart = purchase.Cart()
>>> cart.add_to_cart(cart_name, prodct_name)
Successfully added to cart
>>> payment = purchase.Payment()
>>> payment.do_payment(user_obj, 100)
Payment of $100 successfully done!
```

모듈이 있는 주된 이유는 클라이언트를 위해 더 잘 설계된 코드를 생성하는 것이다. 클라이언트가 여러 개의 작은 모듈을 처리하고 어떤 기능이 어느 모듈에 속하는지 파악하는 대신, 단일 모듈을 사용해 프로젝트의 다른 기능을 처리할 수 있다. 이는 특히 긴 코드와 서드 파티 라이브러리에서 유용하다. 다음과 같이 모듈을 사용하는 클라이언트를 고려한다.

```
from purchase.cart import Cart
from purchase.payment import Payment
```

이는 효과가 있지만, 프로젝트에서 무엇이 존재하는지 알아내는 것은 클라이언트에게 더 큰 부담을 준다. 그 대신 클라이언트가 모듈을 더 쉽게 사용할 수 있도록 이것을 통합하고 단일 임포트를 허용한다.

```
from purchase import Cart, Payment
```

후자의 경우, 많은 양의 소스 코드를 단일 모듈로 생각하는 것이 가장 일반적이다. 예를 들어, 이전 라인에서 purchase는 Cart 클래스와 Payment 클래스의 위치에 대해 걱정하지 않고도 클라이언트가 단일 소스 코드나 단일 모듈로 간주할 수 있다.

서로 다른 서브모듈submodule을 단일 모듈로 연결하는 방법도 보여준다. 이전 예제와 같이 큰 모듈을 다른 논리적 서브모듈로 나눌 수 있으며, 사용자는 단일 모듈 이름만 사용할 수 있다.

모듈의 함수와 클래스를 임포트하는 올바른 방법

파이썬에서 동일하거나 다른 모듈로부터 클래스와 함수를 임포트하는 방법은 여러 가지가 있으며, 동일한 패키지 내에서 패키지를 임포트하거나 패키지 외부에서 패키지를 임포트할 수 있다. 두 시나리오를 살펴보고 모듈 내에서 클래스와 함수를 임포트하는 가장 좋은 방법을 알아본다.

- 패키지 내에서 동일한 패키지를 임포트하는 것은 완전히 지정된 경로나 상대 경로를 사용해 수행할 수 있다. 다음은 예제다.

추천하지 않는 방법:

```
from foo import bar # 추천하지 않는 방법
```

추천하는 방법:

```
from . import bar # 추천하는 방법
```

첫 번째 import 구문은 TestPackage.Foo와 같이 패키지의 전체 경로를 사용하며 최상위 패키지의 이름이 소스 코드에 하드 코딩됐다. 이 경우, 패키지 이름을 변경하거나 프로젝트의 디렉터리 구조를 재구성하려는 경우 문제가 발생한다. 예를 들어 이름을 TestPackage에서 MyPackage로 변경하려면, 표시되는 모든 곳에서 이름을 변경해야 한다. 또한 프로젝트에 파일이 많으면 다루기 어려울 수 있으며, 누구나 코드를 옮기기도 어렵다. 하지만 상대적 임포트는 이와 같은

문제가 없다.

- 패키지 외부에서는 모듈 외부의 패키지를 임포트하는 여러 가지 방법이 있다.

```
from mypackage import * # 나쁜 방법
from mypackage.test import bar # 괜찮은 방법
import mypackage # 추천하는 방법
```

패키지에서 임포트되는 항목을 알 수 없기 때문에 모든 항목을 임포트하는 첫 번째 옵션은 패키지를 임포트하는 올바른 방법이 아니다. 두 번째 옵션은 첫 번째 옵션에 비해 명확하고 훨씬 더 읽기 쉬우므로 상세하고 좋은 습관이다.

두 번째 옵션은 어떤 패키지에서 임포트되는지 이해하는 데도 유용하다. 다른 개발자가 코드를 더 읽기 쉽게 만들어서 모든 의존성을 이해하는 데 도움이 된다. 하지만 다른 곳의 다른 패키지를 임포트할 때 문제가 발생한다. 이는 코드에서 방해 요소가 된다. 다른 패키지의 특정 항목을 임포트하기 위해 10~15 라인의 코드가 있다고 상상해보자. 다른 패키지에서 같은 이름을 가진다면, 주목했던 두 번째 문제는 코드를 작성하는 동안 어떤 클래스/함수가 어떤 패키지에 속하는지에 대해 많은 혼란을 야기한다는 것이다. 다음은 예제다.

```
from mypackage import foo
from youpackage import foo
foo.get_result()
```

세 번째 옵션을 추천하는 이유는 훨씬 더 읽기 쉽고 코드를 읽는 동안 어떤 클래스와 함수가 어떤 패키지에 속하는지 알 수 있기 때문이다.

```
import mypackage
import yourpackage
mypackage.foo.get_result()
yourpackage.foo.feed_data()
```

__all__를 사용한 임포트 방지

모듈 사용자가 모든 것의 임포트를 예방하는 하나의 메커니즘이 있다. 파이썬은 __all__라는 특별한 메타클래스가 있으므로 임포트 동작을 제어할 수 있다. __all__를 사용하면, 소비자 클래스consumer class나 메서드가 모듈의 모든 항목 대신 특정 클래스나 특정 메서드만 임포트하도록 제한할 수 있다.

예를 들어 user.py라는 모듈이 있다고 가정한다. 여기서 __all__를 정의하면 특정 기호만 허용하도록 다른 모듈을 제한할 수 있다.

모든 결제 클래스payment class를 유지하는 payment라는 모듈이 있고, 실수로 이 모듈에서 일부 클래스가 임포트하는 것을 예방하길 원한다. 다음 예제와 같이 __all__를 사용해 이를 수행할 수 있다.

payment.py

```
class MonthlyPayment:
    ....

class CalculatePayment:
    ....

class CreditCardPayment:
    ....

__all__ = ["CalculatePayment", "CreditCardPayment"]
```

user.py

```
from payment import *

calculate_payment = CalculatePayment() # 이것은 작동할 것이다
monthly_payment = MonthlyPayment() # 이것은 예외를 발생시킨다
```

보다시피 from payment import *를 사용하는 것이 모든 payment 클래스를 자동으로 임
포트하지는 않는다. 하지만 여전히 CalculatePayment와 CreditCardPayment 클래스는
다음과 같이 구체적으로 임포트할 수 있다.

```
from payment import CalculatePayment
```

메타클래스를 사용하는 경우

알다시피 메타클래스는 클래스를 생성한다. 객체를 생성하기 위해 클래스를 생성할
수 있는 것처럼, 같은 방식으로 파이썬 메타클래스는 이러한 객체를 생성한다. 다시
말해 메타클래스는 클래스의 클래스다. 이번 절은 메타클래스 작동 방법에 대한 것이
아니므로, 메타클래스의 사용을 고려해야 하는 경우를 살펴본다.

대부분의 경우 코드에 메타클래스가 필요하지 않다. 메타클래스의 주요 사용 사례는
API 또는 라이브러리를 생성하거나 복잡한 기능을 추가하는 것이다. 많은 세부 사항
을 숨기고 클라이언트가 API/라이브러리를 좀 더 쉽게 사용할 수 있도록 하려면 메타
클래스가 유용할 수 있다.

예를 들어, 디장고Django ORM을 사용하면 메타클래스를 많이 사용해 ORM API를 쉽
게 사용하고 이해할 수 있다. 디장고는 메타클래스를 사용해 이를 가능하게 하고, 예
제 4-5와 같이 디장고 ORM을 작성한다.

예제 4-5 __init__.py

```
class User(models.Model):
    name = models.CharField(max_length=30)
    age = models.IntegerField()

user = User(name="Tracy", age=78)
print(user.age)
```

여기서 user.age는 IntegerField를 반환하지 않으며, 데이터베이스에서 가져온 int를 반환할 것이다.

디장고 ORM은 Model 클래스가 메타클래스를 활용하는 방식 때문에 작동한다. Model 클래스는 __metaclass__를 정의하고, '마법'을 사용해 User 클래스를 데이터베이스 필드에 대한 복잡한 훅hook으로 전환한다. 디장고는 간단한 API를 노출하고 메타클래스를 사용해 복잡한 것을 단순하게 만든다. 메타클래스는 보이지 않는 곳에서 이를 가능하게 한다.

__call__, __new__ 등과 같은 여러 메타클래스가 있으며, 이러한 모든 메타클래스는 아름다운 API를 구성하는 데 도움이 될 수 있다. flask, Django, requests 등과 같은 훌륭한 파이썬 라이브러리의 소스 코드를 살펴보면, 이러한 라이브러리가 API를 쉽게 사용하고 이해할 수 있도록 메타클래스를 사용한다는 사실을 알 수 있다.

일반적인 파이썬 기능을 사용해도 API를 읽을 수 없는 경우에는 메타클래스의 사용을 고려한다. 때로는 API를 쉽게 사용할 수 있도록 메타클래스를 사용해 관용구 코드 boilerplate code를 작성해야 한다. 이후 절에서는 메타클래스가 명확한 API/라이브러리를 작성하는 데 도움이 될 수 있는 방법을 다룰 것이다.

서브클래스 검증을 위한 __new__ 사용

인스턴스를 생성할 때 마법 메서드 __new__가 호출될 것이다. 이 메서드를 사용하면 인스턴스 생성을 쉽게 사용자 정의할 수 있다. 이 메서드는 클래스의 인스턴스를 초기화하는 동안 __init__를 호출하기 전에 호출된다.

super를 사용해 슈퍼클래스의 __new__ 메서드를 호출함으로써 클래스의 새 인스턴스를 생성할 수도 있다. 예제 4-6을 살펴보자.

```
class User:
    def __new__(cls, *args, **kwargs):
        print("Creating instances")
        obj = super(User, cls).__new__(cls)
        return obj

    def __init__(self, first_name, last_name):
        self.first_name = first_name
        self.last_name = last_name

    def full_name(self):
        return print(f"{self.first_name} {self.last_name}")

>> user = User("Larry", "Page")
Creating Instance
>> user.full_name()
Larry Page
```

여기서 클래스의 인스턴스를 생성하는 경우, __init__ 마법 메서드를 호출하기 전에 __new__가 호출된다.

슈퍼클래스나 추상 클래스를 생성하는 시나리오를 상상해본다. 슈퍼클래스나 추상 클래스를 상속받는 어떤 클래스가 특정 검사나 작업을 수행해야 하는데, 이 클래스는 잊어버리기 쉽거나 서브클래스에 의해 잘못 수행될 수 있다. 따라서 슈퍼클래스나 추상 클래스에 그러한 기능을 갖는 것을 고려해보고 싶을 수 있으며, 또한 모든 클래스가 이러한 유효성 검사를 준수하도록 하고 싶다.

예제 4-7에서 __new__ 메타클래스를 사용해 서브클래스가 추상 클래스나 슈퍼클래스를 상속하기 전에 유효성을 검증할 수 있다.

예제 4-7 값 할당을 위한 __new__

```
from abc import abstractmethod, ABCMeta
```

```python
class UserAbstract(metaclass=ABCMeta):
    """ __new__() 이니셜라이저를 사용해 팩토리 패턴을 구현하는
    추상 기본 클래스 템플릿이다."""

    def __new__(cls, *args, **kwargs):
        """ 객체 인스턴스를 생성하고 기본 속성을 설정한다. """
        obj = object.__new__(cls)
        obj.base_property = "Adding Property for each subclass"
        return obj

class User(UserAbstract):
    """ UserAbstract 클래스를 구현하고 그 자신의 변수를 추가한다."""

    def __init__(self):
        self.name = "Larry"

>> user = User()
>> user.name
Larry
>> user.base_property
Adding Property for each subclass
```

여기서 base_property는 서브클래스를 위한 인스턴스가 생성될 때마다 "Adding Property for each subclass" 값을 자동으로 얻는다.

제공된 값이 문자열인지 아닌지 확인하기 위해 이 코드를 수정해본다. 예제 4-8을 살펴보자.

예제 4-8 제공된 값 검증을 위한 __new__

```python
from abc import abstractmethod, ABCMeta

class UserAbstract(metaclass=ABCMeta):
    """__new__() 이니셜라이저를 사용한 팩토리 패턴을 구현하는
    추상 기본 클래스 템플릿이다."""

    def __new__(cls, *args, **kwargs):
```

```
        """객체 인스턴스를 생성하고 기본 속성을 설정한다."""
        obj = object.__new__(cls)
        given_data = args[0]
        # 여기서 데이터 유효성을 검사한다
        if not isinstance(given_data, str):
            raise ValueError(f"Please provide string: {given_data}")
        return obj

class User(UserAbstract):
    """UserAbstract 클래스를 구현하고 그 자신의 변수를 추가한다."""

    def __init__(self, name):
        self.name = name

>> user = User(10)
ValueError: Please provide string: 10
```

여기서 User 클래스를 위한 인스턴스를 생성하기 위해 값이 전달될 때마다 제공된 데이터가 문자열인지 확인한다. 실제 장점은 각각의 서브클래스 없이 __new__ 마법 메서드를 사용해 복제 작업을 수행하는 것이다.

__slots__가 유용한 이유

__slots__는 객체의 공간을 절약하고 더 빠르게 속성 액세스를 얻을 수 있다. 간단한 예를 보여주는 예제 4-9와 같이 __slots__의 성능을 빠르게 테스트하자.

예제 4-9 __slots__ 속성 액세스 향상

```
class WithSlots:
    """여기서 __slots__ 마법을 사용한다."""
    __slots__ = "foo"

class WithoutSlots:
    """여기서 __slots__를 사용하지 않는다."""
```

```
    pass

with_slots = WithSlots()
without_slots = WithoutSlots()

with_slots.foo = "Foo"
without_slots.foo = "Foo"

>> %timeit with_slots.foo
44.5 ns
>> %timeit without_slots.foo
54.5 ns
```

with_slots.foo에 단순히 액세스하려고 하는 경우 WithoutSlots 클래스의 속성에 액세스하는 것보다 훨씬 빠르다. 파이썬 3에서 __slots__는 __slots__가 없는 경우보다 30% 빠르다.

__slots__의 두 번째 사용 사례는 메모리 절약의 용도다. __slots__는 각 객체 인스턴스가 차지하는 메모리 공간을 줄이는 데 도움이 되며, __slots__가 절약하는 공간이 중요하다.

__slots__의 자세한 정보는 https://docs.python.org/3/reference/datamodel. html#slots에서 확인할 수 있다.

__slots__를 사용하는 또 다른 이유는 공간을 절약하는 것이다. 예제 4-8을 살펴보고 객체의 크기를 확인하면, __slots__가 일반 객체와 비교해 객체의 공간을 절약한다는 것을 알 수 있다.

```
>> import sys
>> sys.getsizeof(with_slots)
48
>> sys.getsizeof(without_slots)
56
```

__slots__는 객체를 위한 공간을 절약하고 __slots__를 사용하지 않는 경우보다 더 나은 성능을 제공한다. 문제는 '코드에서 __slots__를 사용하는 시기는 언제인가?'이다. 이 질문에 대답하기 위해 인스턴스 생성을 간단히 살펴보자.

클래스의 인스턴스를 생성하면, __dict__와 __weakrefs__를 수용할 수 있도록 인스턴스에 여분의 공간이 자동으로 추가된다.

__dict__는 일반적으로 속성 액세스에 사용할 때까지 초기화되지 않으므로 걱정할 필요가 없다. 하지만 속성을 생성/액세스할 때 __slots__는 여분의 공간을 절약하거나 수행하도록 해야 하는 경우에 dict보다 훨씬 더 의미가 있다.

그러나 클래스 객체에서 __dict__가 차지하는 여분의 공간을 원하지 않을 때마다 __slots__를 사용해 공간을 절약하고 속성에 액세스해야 할 때 추가 성능을 얻을 수 있다.

예를 들면, 예제 4-10은 __slots__를 사용하고 자식^{child} 클래스는 속성 a를 위한 __dict__를 생성하지 않으므로 속성 a에 액세스하는 동안 공간을 절약하고 성능을 향상시킨다.

예제 4-10 __slots__를 사용한 더 빠른 속성 액세스

```python
class Base:
    __slots__ = ()

class Child(Base):
    __slots__ = ('a',)

c = Child()
c.a = 'a'
```

파이썬 문서는 대부분의 경우 __slots__를 사용하지 않는 것이 좋으며, 여분의 공간과 성능이 필요하다고 느끼게 되는 드문 경우에 한번 시도해본다.

또한 변수를 동적으로 할당할 때 특정 방법으로 클래스를 사용하도록 제한하기 때문에 여분의 공간과 성능이 필요할 때까지 __slots__를 사용하지 않는 것이 좋다. 예를 들어 예제 4-11을 살펴보자.

예제 4-11 __slots__를 사용하는 경우의 속성 오류

```python
class User(object):
    __slots__ = ("first_name", )

>> user = User()
>> user.first_name = "Larry"
>> user.last_name = "Page"
AttributeError: "User" object has no attribute "last_name"
```

이러한 문제를 피할 수 있는 여러 가지 방법이 있지만, 이러한 해결은 __slots__ 없이 코드를 사용하는 것보다 크게 도움이 되지 않는다. 예를 들어, 동적 할당을 원하면 예제 4-12의 코드를 사용할 수 있다.

예제 4-12 __slots__와 __dict__를 사용한 동적 할당 문제 해결

```python
class User:
    __slots__ = ("first_name", "__dict__")

>> user = User()
>> user.first_name = "Larry"
>> user.last_name = "Page"
```

따라서 __slots__에서 __dict__는 크기라는 장점을 잃게 되지만, 반대로 동적 할당이라는 이점을 얻게 된다.

다음은 __slots__를 사용하지 않아야 할 몇 가지 다른 경우다.

- 튜플이나 str과 같은 구성을 서브클래싱할 때 속성을 추가하려는 경우
- 인스턴스 변수에 클래스class 속성으로 기본값을 제공하려는 경우

따라서 여분의 공간과 성능이 필요할 때 __slots__를 사용하는 것이 좋다. 클래스 기능을 제한하고 디버깅을 더 어렵게 만들지만 제약하지는 않는다.

메타클래스를 사용한 클래스 동작 변경

메타클래스는 필요에 따라 클래스 동작을 사용자 정의하는 데 도움이 된다. 클래스에 특정 동작을 추가하기 위해 복잡한 논리를 생성하는 대신 파이썬 메타클래스를 확인한다. 메타클래스는 코드의 복잡한 논리를 처리할 수 있는 훌륭한 도구를 제공한다. 이번 절에서는 __call__라는 마법 메서드를 사용해 여러 기능을 구현하는 방법을 다룬다.

클라이언트가 클래스의 객체를 직접 생성하지 못하게 하려는 경우를 가정하며, __call__를 사용해 할 수 있다. 예제 4-13을 살펴보자.

예제 4-13 객체를 직접 생성하는 것을 방지하는 예

```python
class NoClassInstance(type):
    """사용자 객체를 생성한다."""
    def __call__(self, *args, **kwargs):
        raise TypeError("Can't instantiate directly")

class User(metaclass=NoClassInstance):
    @staticmethod
    def print_name(name):
        """제공된 값 name을 출력한다."""
        print(f"Name: {name}")

>> user = User()
TypeError: Can't instantiate directly
>>> User.print_name("Larry Page")
Name: Larry Page
```

여기서 __call__는 클라이언트 코드에서 클래스가 직접 초기화되지 않는지 확인한

다. 대신 정적 메서드를 사용한다.

전략적인 디자인 패턴을 적용하거나 클라이언트 코드가 API를 쉽게 사용할 수 있도록 API를 생성해야 한다고 가정한다.

예제 4-14를 살펴보자.

예제 4-14 __call__를 사용한 API 디자인

```
class Calculation:
    """
    다른 계산 알고리즘을 둘러싼 래퍼는 두 숫자가 서로 다른 작업을 수행할 수 있도록 한다.
    """
    def __init__(self, operation):
        self.operation = operation

    def __call__(self, first_number, second_number):
        if isinstance(first_number, int) and isinstance(second_number, int):
            return self.operation(self, first_number, second_number)
        raise ValueError("Provide numbers")

def add(self, first, second):
    return first + second

def multiply(self, first, second):
    return first * second

>> add = Calculation(add)
>> print(add(5, 4))
9
>> multiply = Calculation(multiply)
>> print(multiply(5, 4))
20
```

공통 로직의 복제 없이 특정 작업을 수행하기 위해 다른 메서드나 알고리즘을 전송할 수 있다. 여기서는 __call__ 안에 코드가 표시돼 API를 훨씬 쉽게 사용할 수 있다.

예제 4-15에서 한 가지 시나리오를 더 살펴보자. 어떻게든 캐시된 인스턴스를 생성하고 싶다고 가정한다. 동일한 값으로 객체를 생성하면, 동일한 값으로 새 인스턴스를 생성하는 대신 인스턴스를 캐시하므로 동일한 매개변수로 인스턴스를 복제하지 않는 경우 실제로 도움이 될 수 있다.

예제 4-15 `__call__`를 사용한 인스턴스 캐싱 구현

```python
class Memo(type):
    def __init__(self, *args, **kwargs):
        super().__init__(*args, **kwargs)
        self.__cache = {}

    def __call__(self, _id, *args, **kwargs):
        if _id not in self.__cache:
            self.__cache[_id] = super().__call__(_id, *args, **kwargs)
        else:
            print("Existing Instance")
        return self.__cache[_id]

class Foo(metaclass=Memo):
    def __init__(self, _id, *args, **kwargs):
        self.id = _id

def test():
    first = Foo(_id="first")
    second = Foo(_id="first")
    print(id(first) == id(second))

>>> test()
Existing Instance
True
```

메타클래스가 복잡한 작업을 쉽게 수행하는 방법을 이해하는 데 `__call__` 사용 사례가 도움이 되길 바란다. `__call__`에는 싱글톤^{singleton} 생성, 값 기억, 데코레이터 사용과 같은 다른 유용한 사용 사례가 있다.

노트 복잡한 작업을 쉽게 수행하고자 메타클래스를 사용할 수 있는 시간은 많다. 따라서 메타클래스를 살펴보고 일부 메타클래스의 사용 사례를 이해하는 것이 좋다.

파이썬 디스크립터 다루기

파이썬 디스크립터^{descriptor}는 객체의 딕셔너리에서 속성을 가져오고, 설정하고, 삭제하는 데 도움이 된다. 클래스 속성에 액세스하면 룩업 체인$^{lookup\ chain}$이 시작된다. 디스크립터 메서드가 코드로 정의되면, 디스크립터 메서드가 호출돼 속성을 찾는다. 파이썬에서 이러한 디스크립터 메서드는 __get__, __set__, __delete__이다.

실제적으로, 클래스 인스턴스에서 특정 속성 값을 지정하거나 가져오는 경우 속성 값을 설정하기 전이나 속성 값을 가져오는 동안에 추가 처리를 수행할 수 있다. 파이썬 디스크립터는 특정 메서드를 호출하지 않고도 검증 또는 추가 작업을 수행할 수 있도록 돕는다.

예제 4-16과 같이 실제 사용 사례를 이해하는 데 도움이 되는 예를 살펴보자.

예제 4-16 파이썬 디스크립터 __get__ 예제

```
import random

class Dice:
    """주사위 동작을 수행하는 Dice 클래스"""
    def __init__(self, sides=6):
        self.sides = sides

    def __get__(self, instance, owner):
        return int(random.random() * self. sides) + 1

    def __set__(self, instance, value):
        print(f"New assigned value: ${value}")
```

```
            if not isinstance(value, int):
                raise ValueError("Provide integer")
            self.sides = value

class Play:
    d6 = Dice()
    d10 = Dice(10)
    d13 = Dice(13)

>> play = Play()
>> play.d6
3
>> play.d10
4
>> play.d6 = 11
New assigned value: 11

>> play.d6 = "11"
New assigned value: 11
-------------------------------------------------------------
ValueError Traceback (most
recent call last)
<ipython-input-66-47d52793a84d> in <module>()
----> 1 play.d6 = "11"

<ipython-input-59-97ab6dcfebae> in __set__(self, instance, value)
      9 print(f" New assigned value: {value}")
     10 if not isinstance(value, int):
---> 11 raise ValueError("Provide integer")
     12 self.sides = value
     13

ValueError: Provide integer
```

여기서는 특정 메서드를 호출하지 않고 __get__ 디스크립터를 사용해 클래스 속성에
추가 기능을 제공하고 있으며, __set__를 사용해 int 값만 Dice 클래스 속성에 할당
됐는지 확인한다.

이 디스크립터들을 간략히 살펴보자.

- `__get__(self, instance, owner)`: 속성에 액세스하면 예제 4-16처럼 이 메서드는 정의될 때 자동으로 호출된다.
- `__set__(self, instance, value)`: 인스턴스의 속성을 설정할 때, 이 메서드는 `obj.attr = "value"`로 호출된다.
- `__delete__(set, instance)`: 특정 속성을 삭제하려는 경우, 이 디스크립터가 호출된다.

디스크립터는 코드를 좀 더 잘 제어할 수 있으며, 할당하기 전에 속성 유효성 검사하기, 읽기 전용 속성 만들기 등과 같은 다양한 시나리오에서 사용할 수 있다. 복잡한 모든 유효성 검사 또는 체크 작업을 수행하기 위해 특정 메서드를 생성할 필요가 없으므로 코드를 훨씬 깔끔하게 만들 수도 있다.

노트　디스크립터는 명확한 방법으로 클래스 속성을 설정하거나 가져오려고 할 때 매우 유용하다. 작동 방법을 이해하면, 특정 속성 유효성 검사나 체크를 수행하려는 다른 위치에서 훨씬 유용할 수 있다. 이번 절에서 다룬 내용은 디스크립터의 기본을 이해하는 데 유용했다.

요약

파이썬의 메타클래스는 구문과 다소 마법적인 기능 때문에 모호할 수 있다. 하지만 이번 장에서 살펴본 것처럼 가장 많이 사용되는 메타클래스를 보유하고 있으면 최종 사용자가 코드를 더 잘 사용할 수 있으며, 사용자를 위해 API나 라이브러리를 구성하는 방식을 좀 더 잘 제어할 수 있다고 느낄 것이다.

그러나 코드의 각 문제를 해결하기 위해 때때로 메타클래스를 사용하는 것은 코드의 가독성에 영향을 줄 수 있으므로 사용 여부를 신중하게 판단해야 한다. 마찬가지로,

파이썬에서 모듈을 잘 이해하면 SRP를 따르는 이유와 방법을 더 잘 이해할 수 있다. 4장에서 파이썬의 이 두 가지 중요한 개념에 대한 인사이트를 충분히 얻었길 바란다.

5장

데코레이터와 컨텍스트 매니저

데코레이터decorator와 컨텍스트 매니저context manager는 파이썬의 고급 주제이지만 현실의 많은 시나리오에서 유용하다. 잘 알려진 많은 라이브러리가 데코레이터와 컨텍스트 매니저를 광범위하게 사용해 API와 코드를 더 명확하게 만든다. 처음에는 데코레이터와 컨텍스트 매니저를 이해하는 것이 약간 까다로울 수 있지만, 일단 이해하면 코드를 더 명확하게 만들 수 있다.

5장에서는 데코레이터와 컨텍스트 매니저를 다룬다. 또한 파이썬 프로젝트를 작성하는 동안 이러한 기능이 언제 유용할 수 있는지도 살펴본다.

노트 데코레이터와 컨텍스트 매니저는 파이썬의 고급 개념이다. 데코레이터와 컨텍스트 매니저는 숨겨져 있는 메타클래스를 많이 사용한다. 파이썬은 메타클래스를 사용하지 않고 데코레이터와 컨텍스트 매니저를 생성할 수 있는 충분한 도구와 라이브러리를 제공하므로, 데코레이터와 컨텍스트 매니저를 사용하는 방법을 배우기 위해 메타클래스를 배울 필요는 없다. 따라서 메타클래스에 대해 잘 모르더라도 걱정할 필요는 없으며, 데코레이터와 컨텍스트 매니저의 작동 방식을 완전히 배울 수 있어야 한다. 데코레이터와 컨텍스트 매니저를 좀 더 쉽게 만들 수 있는 몇 가지 기술도 다룰 것이다. 데코레이터와 컨텍스트 매니저의 개념을 잘 이해해 코드에서 사용할 수 있는 부분을 살펴볼 것을 제안한다.

데코레이터

먼저 데코레이터를 다루자. 이번 절에서는 데코레이터의 작동 방식과 실제 프로젝트에서 사용할 수 있는 부분을 살펴본다. 데코레이터는 흥미롭고 유용한 파이썬 기능이다. 데코레이터를 잘 이해하면 많은 노력 없이 마법과도 같은 다양한 기능을 만들 수 있다.

파이썬 데코레이터를 사용하면, 함수나 객체 동작을 변경하지 않고도 동적으로 함수나 객체에 동작을 추가할 수 있다.

데코레이터의 의미와 유용한 이유

코드에는 여러 함수가 있고 함수가 실행될 때 함수 이름이 로그 파일에 기록되거나 콘솔에서 출력되도록 모든 함수에 로깅을 추가해야 한다고 상상해보자. 이를 수행하는 한 가지 방법은 로깅 라이브러리$^{logging\ library}$를 사용하고 이러한 각 함수에 로그 라인을 추가하는 것이다. 그렇게 하려면 시간이 많이 걸리고, 로그 추가를 위한 코드를 많이 변경하기 때문에 오류도 발생하기 쉽다. 또 다른 방법은 각 함수/클래스 위에 데코레이터를 추가하는 것이다. 이것은 훨씬 효과적이며, 기존 코드에 새로운 버그를 추가할 위험이 없다.

파이썬 세계에서는 데코레이터를 함수에 적용할 수 있으며, 둘러싸는 함수 전후에 실행하는 능력이 있다. 데코레이터는 함수에서 추가 코드를 실행하는 데 도움이 된다. 데코레이터는 입력 인자$^{input\ argument}$와 반환 값을 액세스하고 수정할 수 있으며, 여러 위치에서 유용할 수 있다. 여기서 몇 가지 예제를 살펴본다.

- 비율 제한
- 캐싱 값
- 함수의 런타임 타이밍
- 로깅 목적

- 예외 수용 및 전달
- 인증

데코레이터의 주요 사용 사례를 나열했지만, 사용에 제한은 없다. 실제로 flask와 같은 API 프레임워크는 데코레이터를 비중 있게 사용해 함수를 API로 전환한다. 예제 5-1은 flask 예제를 보여준다.

예제 5-1 flask 예제

```
from flask import Flask
app = Flask(__name__)


@app.route("/")
def hello():
    return "Hello World!"
```

이 코드는 route 데코레이터를 사용해 hello 함수를 API로 변환한다. 이러한 기능은 데코레이터의 가치이며, 데코레이터를 잘 이해하면 코드를 더 명확하게 하고 오류가 덜 발생하므로 개발자에게 도움이 된다.

데코레이터의 이해

이번 절에서는 데코레이터 사용법을 설명할 것이다. 전달된 문자열을 대문자로 변환하고 결과를 반환하는 간단한 함수가 있다고 가정한다. 예제 5-2를 살펴보자.

예제 5-2 전달된 문자열을 대문자로 변환

```
def to_upper_case(text):
    """텍스트를 대문자로 변환하고 대문자를 반환한다."""
    if not isinstance(text, str):
        raise TypeError("Not a string type")
    return text.upper()

>>> text = "Hello World"
```

```
>>> to_upper_case(text)
HELLO WORLD
```

문자열을 전달받아 대문자로 변환하는 간단한 함수다. 예제 5-3과 같이 to_upper_
case를 조금 변경하자.

예제 5-3 전달된 func를 대문자로 변환

```
def to_upper_case(func):
    """대문자로 변환하고 대문자를 반환한다."""

    # 이 라인을 추가하고 전달된 함수를 호출해 텍스트를 얻는다
    text = func()

    if not isinstance(text, str):
        raise TypeError("Not a string type")
    return text.upper()

def say():
    return "welcome"

def hello():
    return "hello"

>>> to_upper_case(say)
WELCOME

>>> to_upper_case(hello)
HELLO
```

두 가지가 변경됐다.

- 문자열 대신 func를 받고 해당 함수를 호출해 문자열을 가져오도록 to_upper_
  case 함수를 수정했다.
- "welcome"을 반환하는 새 함수 호출을 생성하고 해당 함수를 to_upper_case 메

서드에 전달했다.

to_upper_case 함수는 say 함수를 호출하고 텍스트를 대문자로 변환한다. 따라서 to_upper_case는 전달된 인자에서 가져오는 대신 say 함수를 호출해 텍스트를 얻는다.

이제 동일한 코드에서 예제 5-4와 같이 작성할 수 있다.

예제 5-4 데코레이터 사용

```
@to_upper_case
def say():
    return "welcome"


>>> say
WELCOME
```

함수 앞에서 to_upper_case를 @to_upper_case로 만들면, 함수 to_upper_case가 데코레이터 함수가 된다. 이는 say 함수 전에 to_upper_case를 실행하는 것과 유사하다.

이것은 간단한 예제이지만, 데코레이터가 파이썬에서 작동하는 방식을 보여주는 데 적합하다. 이제 to_upper_case를 데코레이터 함수로 사용하면, 모든 함수에 적용해 문자열을 대문자로 만들 수 있다는 장점이 있다. 예를 들어 예제 5-5를 살펴보자.

예제 5-5 다른 위치에서 데코레이터 적용

```
@to_upper_case
def say():
    return "welcome"


@to_upper_case
def hello():
    return "Hello"


@to_upper_case
def hi():
    return "hi"
```

```
>>> say
WELCOME
>>> hello
HELLO
>>> hi
HI
```

이는 코드를 더 분명하고 이해하기 쉽게 만든다. 데코레이터가 무엇을 하는지 쉽게 이해할 수 있도록 데코레이터 이름을 명시적으로 지정한다.

데코레이터를 사용한 동작 수정

데코레이터의 기본 사항을 알았으므로 지금부터는 데코레이터의 주요 사용 사례를 좀 더 깊이 살펴보자. 예제 5-6에서는 다른 함수를 감싸는 조금 복잡한 함수를 작성할 것이다. 따라서 어떤 함수든 받아들이도록 to_upper_case 함수를 수정한 다음 to_upper_case 아래에 다른 함수를 정의해 upper() 작업을 수행한다.

예제 5-6 대문자 데코레이터

```
def to_upper_case(func):
    def wrapper():
        text = func()
        if not isinstance(text, str):
            raise TypeError("Not a string type")
        return text.upper()
    return wrapper
```

여기서 무슨 일이 발생한 것인가? 이전과 같이 매개변수로 func를 전달하는 to_upper_case라는 함수 호출이 있지만, 코드의 나머지는 wrapper라는 다른 함수로 이동한다. wrapper 함수는 to_upper_case에 의해 반환된다.

wrapper 함수를 사용하면 여기서 코드를 실행하는 것이 아니라 함수의 동작을 변경할 수 있다. 이제 함수가 실행되기 전과 함수가 실행을 완료한 후에 여러 작업을 수행할 수 있다. 래퍼 클로저^{wrapper closure}는 입력 함수^{input function}에 액세스할 수 있고 함수 전후에 새 코드를 추가할 수 있다. 이는 함수 행동의 변화를 위한 데코레이터 함수의 실제 성능을 보여준다.

다른 함수를 사용하는 주된 용도는 명시적으로 호출될 때까지 함수를 실행하지 않는 것이다. 또한 호출될 때까지 함수를 감싸고 함수의 객체를 작성할 것이다. 따라서 예제 5-7과 같이 전체 코드를 작성할 수 있다.

예제 5-7 대문자를 위한 데코레이터 전체 코드

```python
def to_upper_case(func):
    def wrapper():
        text = func()
        if not isinstance(text, str):
            raise TypeError("Not a string type")
        return text.upper()
    return wrapper


@to_upper_case
def say():
    return "welcome"


@to_upper_case
def hello():
    return "hello"


>>> say()
WELCOME
>>> hello()
HELLO
```

위의 예제에서 to_upper_case()는 기본적으로 모든 함수를 매개변수로 사용하고 문자열을 대문자로 변환하는 데코레이터를 정의한다. 위의 코드에서 say() 함수는 데코레이터로 to_upper_case를 사용한다. 파이썬이 say() 함수를 실행하면, 파이썬은 실행시간에 say()를 함수 객체로 to_upper_case() 데코레이터에 전달하고, say()나 hello()

가 호출될 때 래퍼^{wrapper}라는 함수 객체를 반환한다.

특정 함수를 실행하기 전에 기능을 추가해야 하는 거의 모든 시나리오는 데코레이터를 활용할 수 있다. 시나리오를 고려하면, 웹 사이트에서 페이지를 확인하기 전에 웹 사이트 사용자가 로그인할 때는 웹 사이트의 페이지를 확인하기 전에 로그인 작업을 수행하는 웹 사이트 페이지에 액세스할 수 있도록 허용하는 함수에 로그인 데코레이터를 사용하는 것이 좋다. 이와 유사하게, 텍스트 다음에 "Larry Page"라는 단어를 추가하려는 간단한 시나리오를 고려할 때는 다음과 같이 단어를 추가하면 된다.

```python
def to_upper_case(func):
    def wrapper():
        text = func()
        if not isinstance(text, str):
            raise TypeError("Not a string type")
        result = " ".join([text.upper(), "Larry Page"])
        return result
    return wrapper
```

다중 데코레이터 사용

다중 데코레이터를 함수에 적용할 수도 있다. "Larry Page!" 이전에 접두사를 추가해야 한다고 가정하자. 이 경우에는 예제 5-8과 같이 다른 데코레이터를 사용해 접두사를 추가할 수 있다.

예제 5-8 다중 데코레이터

```python
def add_prefix(func):
    def wrapper():
        text = func()
        result = " ".join([text, "Larry Page!"])
        return result
    return wrapper
```

```
def to_upper_case(func):
    def wrapper():
        text = func()
        if not isinstance(text, str):
            raise TypeError("Not a string type")
        return text.upper()
    return wrapper

@to_upper_case
@add_prefix
def say():
    return "welcome"

>> say()
WELCOME LARRY PAGE!
```

이미 알고 있듯이, 데코레이터는 아래에서 위로 적용되므로 add_prefix가 먼저 호출된 다음 to_upper_case 데코레이터가 호출된다. 이를 증명하기 위해 데코레이터의 순서를 변경하면 다음과 같이 다른 결과가 나타난다.

```
@add_prefix
@to_upper_case
def say():
    return "welcome"

>> say()
WELCOME Larry Page!
```

보다시피 "Larry Page!"는 마지막으로 호출됐기 때문에 대문자로 변환되지 않는다.

데코레이터 인자 허용

데코레이터 함수에 인자를 전달해 이전 예제를 확장하고 동적으로 전달된 인자를 대문자로 변경해 확인할 수 있다. 예제 5-9를 살펴보자.

```
def to_upper_case(func):
    def wrapper(*args, **kwargs):
        text = func(*args, **kwargs)
        if not isinstance(text, str):
            raise TypeError("Not a string type")
        return text.upper()
    return wrapper

@to_upper_case
def say(greet):
    return greet

>> say("hello, how you doing")
HELLO, HOW YOU DOING
```

보다시피 데코레이터 함수에 인자를 전달할 수 있으며, 코드를 실행하고 데코레이터에서 전달된 매개변수를 사용한다.

데코레이터의 라이브러리 사용 시 고려 사항

데코레이터를 생성하면 대부분 하나의 함수를 다른 함수로 대체한다. 예제 5-10의 간단한 예제를 살펴보자.

```
def logging(func):
    def logs(*args, **kwargs):
        print(func.__name__ + " was called")
        return func(*args, **kwargs)
    return logs

@logging
def foo(x):
    """로깅을 위한 함수 호출"""
    return x * x
```

```
>>> fo = foo(10)
>>> print(foo.__name__)
foo was called
logs
```

함수 이름으로 foo를 인쇄할 것으로 기대할 수 있다. 하지만 그 대신에 데코레이터 함수 logging 내부의 래퍼 함수인 함수 이름 logs를 출력한다. 실제로 데코레이터를 사용하면 __name__, __doc__ 등과 같은 정보가 항상 손실될 것이다.

이 문제를 해결하기 위해 데코레이터에서 사용되는 함수로 functools.wraps를 사용하는 것을 고려하고, 함수 이름, 독스트링, 인자 리스트 등을 복사하는 기능을 추가한다. 따라서 예제 5-11에서 보는 것처럼 동일한 코드를 작성할 수 있다.

예제 5-11 데코레이터를 생성하는 functools

```
from functools import wraps

def logging(func):
    @wraps(func)
    def logs(*args, **kwargs):
        print(func.__name__ + " was called")
        return func(*args, **kwargs)
    return logs

@logging
def foo(x):
    """연산을 실행한다."""
    return x + x * x

print(foo.__name__) # 'foo'를 출력한다
print(foo.__doc__) # '연산을 실행한다.'를 출력한다
```

파이썬 표준 라이브러리는 functools라고 불리는 라이브러리를 갖고 있다. 이것은 모든 정보를 보존하는 데 도움이 되는 데코레이터를 생성하기 위한 functools.wraps를

갖고 있지만, 자신의 데코레이터를 생성할 때는 잃어버릴 수 있다.

functools 이외에 decorator 같은 라이브러리도 있는데, 이것 또한 정말 사용하기 쉽다. 예제 5-12를 살펴보자.[1]

예제 5-12 데코레이터 함수 생성을 위한 데코레이터 사용

```
from decorator import decorator

@decorator
def trace(f, *args, **kw):
    kwstr = ', '.join('%r: %r' % (k, kw[k]) for k in sorted(kw))
    print("calling %s with args %s, {%s}" % (f.__name__, args,
    kwstr))
    return f(*args, **kw)

@trace
def func(): pass

>>> func()
calling func with args (), {}
```

마찬가지로, 예제 5-13에 표시된 것처럼 클래스 메서드를 위한 클래스 내부에서 데코레이터를 사용할 수 있다.

예제 5-13 함수 데코레이터를 사용하는 클래스

```
from functools import wraps
import time
import requests

def retry_requests(retries=3, delay=10):
    def try_request(fun):
        @wraps(fun)
        def retry_decorators(*args, **kwargs):
```

---

1   decorator 라이브러리를 사용하려면 사전에 라이브러리를 설치해야 한다(pip install decorator). – 옮긴이

```
            for retry in retries:
                fun(*args, **kwargs)
                time.sleep(delay)
        return retry_decorators
    return try_request

class ApiRequest:
    def __init__(self, url, headers):
        self.url = url
        self.headers = headers

    @retry_requests(retries=4, delay=5)
    def make_request(self):
        try:
            response = requests.get(self.url, self.headers)
            if response.status_code in (500, 502, 503, 429):
                raise Exception
        except Exception as error:
            raise FailedRequest("Not able to connect with server")
        return response
```

상태 유지와 매개변수 유효성을 위한 클래스 데코레이터

지금까지 데코레이터로 함수를 사용하는 방법을 살펴봤지만, 파이썬에서는 데코레이터로 메서드를 생성하는 데 제한이 없다. 클래스는 데코레이터로도 사용할 수 있으며, 모두 데코레이터를 정의하려는 특정 방법에 달려 있다.

클래스 데코레이터를 사용하는 주요 사용 사례 중 하나는 상태를 유지하는 것이다. 하지만 __call__ 메서드가 클래스를 호출 가능하게 만드는 데 어떻게 도움이 되는지 먼저 살펴보자.

클래스를 호출 가능하게 만들기 위해 파이썬은 __call__() 메서드와 같은 특별한 메서드를 제공한다. 이는 __call__가 클래스 인스턴스를 함수로 호출할 수 있다는 것을 의미한다. __call__와 같은 메서드를 사용하면 클래스를 데코레이터로 생성하고 클래스 객체를 반환해 함수로 사용할 수 있다.

__call__ 메서드를 더 이해하기 위해 예제 5-14의 간단한 예를 살펴보자.

예제 5-14 __call__ 메서드 사용

```
class Count:
    def __init__(self, first=1):
        self.num = first

    def __call__(self):
        self.num += 1
        print(f"number of times called: {self.num}")
```

이제 인스턴스를 사용해 Count 클래스를 호출할 때마다 __call__ 메서드가 호출될 것
이다.

```
>>> count = Count()
>>> count()
Number to times called: 2

>>> count()
Number of times called: 3
```

보다시피, count()를 호출하면 변수 num의 상태를 유지하는 __call__ 메서드가 자동
으로 호출된다.

이 개념을 사용해 데코레이터 클래스를 구현할 수 있다. 예제 5-15를 살펴보자.

예제 5-15 데코레이터를 사용한 상태 유지

```
import functools

class Count:
    def __init__(self, func):
        functools.update_wrapper(self, func)
```

```
        self.func = func
        self.num = 1

    def __call__(self, *args, **kwargs):
        self.num += 1
        print(f"Number of times called: {self.num}")
        return self.func(*args, **kwargs)

@Count
def counting_hello():
    print("Hello")

>>> counting_hello()
Number of times called: 2
Hello

>>> counting_hello()
Number of times called: 3
Hello
```

__init__ 메서드는 함수의 참조를 저장해야 한다. __call__ 메서드는 클래스를 데코
레이트decorate한 함수가 호출될 때마다 호출된다. functools 라이브러리는 여기서 데
코레이터 클래스를 작성하는 데 사용된다. 보다시피 클래스 데코레이터를 사용해 변
수의 상태를 저장한다.

즉, 클래스 데코레이터를 사용해 타입 검사를 수행하는 예제 5-16과 같은 흥미로운
사례를 하나 더 살펴보자. 사용 사례를 보여주는 간단한 예제다. 하지만 매개변수 타
입을 확인해야 하는 모든 경우에 사용할 수 있다.

예제 5-16 클래스 데코레이터를 사용한 매개변수 검증

```
import functools

class ValidateParameters:

    def __init__(self, func):
```

```
        functools.update_wrapper(self, func)
        self.func = func

    def __call__(self, *parameters):
        if any([isinstance(item, int) for item in parameters]):
            raise TypeError("Parameter shouldn't be int!!")
        else:
            return self.func(*parameters)

@ValidateParameters
def add_numbers(*list_string):
    return "".join(list_string)

# anb를 반환한다
print(add_numbers("a", "n", "b"))

# 오류를 발생시킨다
print(add_numbers("a", 1, "c"))
```

위와 같이 클래스 데코레이터를 사용해 타입을 확인한다.

보다시피 데코레이터를 사용해 코드를 더 명확하게 만들 수 있는 많은 위치가 있다. 데코레이터 패턴의 사용을 고려할 때마다 파이썬 데코레이터를 사용해 쉽게 구현할 수 있다. 데코레이터를 이해하는 것은 함수의 작동 방식을 어느 정도 수준으로 이해 해야 하므로 약간 까다로울 수 있지만, 데코레이터의 기본을 이해한 후에는 실제 애 플리케이션에서 사용하는 것이 좋다. 데코레이터가 여러분의 코드를 훨씬 분명하게 만든다는 사실을 알게 될 것이다.

컨텍스트 매니저

데코레이터와 같이 컨텍스트 매니저는 파이썬의 유용한 기능이다. 특히 파이썬 내장 라이브러리를 사용하는 경우, 인지하지 못하면서 일상적인 코드에서 사용할 수도 있다. 일반적인 예제는 파일 작업이나 소켓 작업이다.

컨텍스트 매니저는 API나 서드 파티 라이브러리를 작성할 때 코드를 훨씬 더 읽기 쉽게 만들고 클라이언트 코드가 리소스를 정리하고자 불필요한 코드를 작성하는 것을 예방하므로 실제로도 유용할 수 있다.

컨텍스트 매니저와 유용성

앞에서 언급했듯이 여러 파일 작업이나 소켓 작업을 수행하는 동안 무의식적으로 컨텍스트 매니저를 사용한다. 예제 5-17을 살펴보자.

예제 5-17 컨텍스트 매니저를 사용한 파일 작업

```
with open("temp.txt") as fread:
    for line in fread:
        print(f"Line: {line}")
```

여기서 코드는 컨텍스트 매니저를 사용해 작업을 처리한다. with 키워드는 컨텍스트 매니저를 사용하는 방법이다. 컨텍스트 매니저의 유용성을 이해하기 위해 예제 5-18과 같이 컨텍스트 매니저 없이 이 코드를 작성하자.

예제 5-18 컨텍스트 매니저가 없는 파일 작업

```
fread = open("temp.txt")
try:
    for line in fread:
        print(f"Line: {line}")
finally:
    fread.close()
```

with 구문은 클라이언트가 예외 처리에 대해 걱정할 필요가 없도록 try-finally 블록으로 대체됐다.

좀 더 명확한 API 외에, 리소스 관리도 컨텍스트 매니저의 가장 유용한 효용 가운데 하나다. 예제 5-19에서 보듯이 사용자 입력 파일을 읽을 수 있는 함수를 가진 시나리오를 고려한다.

예제 5-19 파일 읽기

```python
def read_file(file_name):
    """주어진 파일을 읽고 라인을 출력한다."""
    try:
        fread = open("temp.txt")
        for line in fread:
            print(f"Line:  {line}")
    except IOError as error:
        print("Having issue while reading the file")
        raise
```

먼저 앞의 코드는 fread.close() 구문을 추가하는 것을 잊어버리기 쉽다. 파일을 읽은 후 read_file 함수에 의해 파일이 닫히지 않았다. 이제 read_file 함수가 수천 번 연속적으로 호출되고 있음을 고려한다. 이로 인해 메모리에 수천 개의 파일 핸들러가 열리고 메모리 누수가 발생할 수 있다. 이러한 경우를 방지하기 위해 예제 5-20과 같이 컨텍스트 매니저를 사용할 수 있다.

마찬가지로 시스템은 특정 시간에 사용할 수 있는 리소스의 수에 제한이 있으므로 메모리 누수가 발생한다. 예제 5-20의 경우, 파일을 열면 운영체제가 파일 디스크립터 file descriptor라는 리소스를 제한적으로 할당한다. 따라서 그 제한이 초과되면, 프로그램은 OSError 메시지와 함께 실패한다.

예제 5-20 누수 파일 디스크립터

```python
fread = []
for x in range(900000):
    fread.append(open('testing.txt', 'w'))

>>> OSError: [Errno 24] Too many open files: testing.txt
```

컨텍스트 매니저가 리소스를 좀 더 잘 처리하는 데 도움이 된다는 사실은 분명하다. 이 경우, 파일 작업이 완료되면 파일을 닫고 파일 디스크립터를 포기하는 것이 포함된다.

컨텍스트 매니저의 이해

보다시피 컨텍스트 매니저는 리소스 관리에 유용하다. 구성 방법을 살펴보자.

with 구문을 생성하려면 __enter__ 메서드와 __exit__ 메서드를 객체에 추가하면 된다. 파이썬은 리소스를 관리해야 할 때 이 두 가지 메서드를 호출하므로 걱정할 필요가 없다.

파일을 열고 컨텍스트 매니저를 구성하는 동일한 예제를 살펴보자. 예제 5-21을 참조한다.

예제 5-21 파일 관리

```
class ReadFile:
    def __init__ (self, name):
        self.name = name

    def __enter__ (self ):
        self.file = open (self.name, 'w' )
        return self.file

    def __exit__ (self,exc_type,exc_val,exc_tb):
        if self.file :
            self.file.close()

file_name = "test.txt"

with ReadFile(file_name) as fread:
    fread.write("Learning context manager")
    fread.write("Writing into file")
```

이제 이 코드를 가능한 한 많이 실행한다면 ReadFile이 관리하기 때문에 파일 디스크 립터 누수 문제가 발생하지 않는다.

with 구문이 실행될 때 작동하며, 파이썬은 __enter__ 함수를 호출하고 실행한다. 실 행이 컨텍스트 블록(with)을 벗어나면, __exit__를 실행해 리소스를 비운다.

컨텍스트 매니저의 규칙 일부를 살펴보자.

- __enter__는 컨텍스트 매니저 블록에서와 같이 변수에 할당된 객체를 반환한 다. 이 객체는 보통 self다.
- __exit__는 __enter__에 의해 반환되는 것이 아니라 본래의 컨텍스트 매니저 를 호출한다.
- __init__ 또는 __enter__ 메서드에서 예외나 오류가 있으면 __exit__가 호출 되지 않는다.
- 코드 블록이 컨텍스트 매니저 블록에 들어가면, 어떤 예외나 오류가 발생했는 지에 상관없이 __enter__가 호출될 것이다.
- __exit__가 참을 반환하면 어떤 예외도 억제될 것이고, 실행은 컨텍스트 매니 저 블록에서 오류 없이 종료될 것이다.

예제 5-22를 살펴보고, 이러한 규칙을 이해하자.

예제 5-22 컨텍스트 매니저 클래스

```
class ContextManager():
    def __init__(self):
        print("Crating Object")
        self.var = 0

    def __enter__(self):
        print("Inside __enter__")
        return self

    def __exit__(self, val_type, val, val_traceback):
```

```
        print("Inside __exit__")
        if val_type:
            print(f"val_type: {val_type}")
            print(f"val: {val }")
            print(f"val_traceback: {val_traceback}")

>> context = ContextManager()
Creating Object
>> context.var
0
>> with ContextManager() as cm:
>>     print("Inside the context manager")
Creating Object
Inside __enter__
Inside the context manager
Inside __exit__
```

컨텍스트 매니저 빌드를 위한 contextlib 사용

컨텍스트 매니저를 생성하기 위한 클래스를 작성하는 대신, 파이썬은 contextlib.con
textmanager 데코레이터라는 라이브러리를 제공한다. 클래스를 작성하는 대신 컨텍스
트 매니저를 작성하면 더 편리하다.

파이썬 내장 라이브러리를 사용하면 컨텍스트 매니저를 좀 더 쉽게 작성할 수 있다.
컨텍스트 매니저를 생성하기 위해 __enter__와 __exit__ 메서드로 전체 클래스를 작
성할 필요는 없다.

contextlib.contextmanager 데코레이터는 예제 5–23에서 보듯이 with 구문을 자동으
로 지원하는 리소스에 대한 제너레이터 기반 팩토리 함수다.

예제 5-23 contextlib를 사용한 컨텍스트 매니저 생성

```
from contextlib import contextmanager


@contextmanager
```

```
def write_file(file_name):
    try:
        fread = open(file_name, "w")
        yield fread
    finally:
        fread.close()

>> with write_file("accounts.txt") as f:
       f.write("Hello, how you are doing")
       f.write("Writing into file")
```

먼저 write_file이 리소스를 획득하고, 이후에 호출자가 사용하는 yield 키워드에 영향을 미친다. 호출자가 with 블록을 종료하면, 리소스 정리와 같은 나머지 정리 단계가 발생할 수 있으므로 제너레이터는 계속 실행된다.

@contextmanager 데코레이터를 사용해 컨텍스트 매니저를 생성하는 경우 제너레이터가 생성하는 값은 컨텍스트 리소스다.

클래스 기반 구현과 contextlib 데코레이터는 모두 유사한 구현이다. 구현 방법은 개인적인 선택에 따라 다르다.

컨텍스트 매니저 사용의 실제 사례

일상적인 프로그래밍과 프로젝트에서 컨텍스트 매니저가 유용한 곳을 살펴보자.

컨텍스트 매니저를 사용해 코드를 개선할 수 있는 경우가 많으며, 이는 버그가 없고 명확한 것을 의미한다.

처음부터 컨텍스트 매니저를 사용할 수 있는 몇 가지 시나리오를 살펴본다. 이러한 사용 사례 외에도 다양한 기능 구현에서 컨텍스트 매니저를 사용할 수 있다. 이를 위해 컨텍스트 매니저를 사용해 작성할 때 코드에서 더 좋을 것으로 생각되는 기회를 찾아야 한다.

데이터베이스 액세스

데이터베이스 리소스에 액세스하는 동안 컨텍스트 매니저를 사용할 수 있다. 특정 프로세스가 데이터베이스의 일부 특정 데이터에 대해 작업하고 값을 수정하는 경우, 프로세스가 해당 데이터에 대해 작업하는 동안 데이터베이스를 잠글 수 있으며, 작업이 완료되면 잠금을 해제할 수 있다.

예를 들어 예제 5-24는 https://docs.python.org/2/library/sqlite3.html#using-the-connection-as-a-context-manager의 SQLite 3 코드 일부를 보여준다.

예제 5-24 sqlite3 잠금

```python
import sqlite3

con = sqlite3.connect(":memory:")
con.execute("create table person (id integer primary key, firstname varchar unique)")

# 성공하면 con.commit()은 자동으로 호출된다
with con:
  con.execute("insert into person(firstname) values (?)", ("Joe",))

# con.rollback()은 with 블록이 예외로 끝난 후 호출되고,
# 예외는 여전히 발생되고 잡혀야 한다
try:
    with con:
        con.execute("insert into person(firstname) values (?)", ("Joe",))
except sqlite3.IntegrityError:
    print("couldn't add Joe twice")
```

여기서는 자동으로 커밋하고 실패 시 롤백되는 컨텍스트 매니저를 사용한다.

테스트 작성

테스트를 작성하는 동안 코드에서 발생하는 다양한 예외로 특정 테스트 서비스를 속이는 경우가 많다. 이 경우에는 컨텍스트 매니저가 실제로 유용하다. pytest와 같은 테스트 라이브러리에는 컨텍스트 매니저를 사용해 예외 또는 거짓 서비스를 테스트하는 코드를 작성할 수 있는 기능이 있다. 예제 5-25를 참조한다.

테스트 예외

```python
import pytest

def divide_numbers(first, second):
    if isinstance(first, int) and isinstance(second, int):
        raise ValueError("Value should be int")

    try:
        return first/second
    except ZeroDevisionException:
        print("Value should not be zero")
        raise

with pytest.raises(ValueError):
    divide_numbers("1", 2)
```

속임^{mocking}으로 다음을 사용할 수도 있다.

```python
with mock.patch("new_class.method_name"):
    call_function()
```

mock.patch는 데코레이터로 사용할 수 있는 컨텍스트 매니저의 예제다.

공유 리소스

with 구문을 사용하면 한 번에 하나의 프로세스만 액세스할 수 있다. 파이썬으로 작성하기 위해 파일을 잠근다고 가정한다. 여러 파이썬 프로세스에서 한 번에 액세스할 수 있지만, 한 번에 하나의 프로세스만 사용하려고 한다. 예제 5-26에 표시된 것처럼 컨텍스트 매니저를 사용해 이를 수행할 수 있다.

예제 5-26 공유 리소스로 읽는 동안 파일 잠금

```
from filelock import FileLock

def write_file(file_name):
    with FileLock(file_name):
        # 현재 잠긴 상태로 파일 작업
        print("Lock acquired.")
```

이 코드는 `filelock` 라이브러리를 사용해 파일을 잠그므로 한 프로세스만 읽을 수 있다. 컨텍스트 매니저 블록은 작업이 진행되는 동안 파일을 사용하기 위해 다른 프로세스의 입력을 방지한다.

원격 연결

네트워킹 프로그래밍에서는 대부분 소켓과 상호 작용하고 네트워크로 다른 것에 액세스하기 위해 네트워크 프로토콜을 사용한다. 원격 연결을 사용해 리소스에 액세스하거나 원격 연결에서 작업하려면, 컨텍스트 매니저를 사용해 리소스를 관리하는 것을 고려한다. 원격 연결은 컨텍스트 매니저를 사용하기에 가장 좋은 곳 중 하나다. 예제 5-27을 살펴보자.

예제 5-27 원격 연결을 사용해 읽는 동안 파일 잠금

```
import socket

class Protocol:
    def __init__(self, host, port):
        self.host, self.port = host, port

    def __enter__(self):
        self._client = socket.socket()
        self._client.connect((self.host, self.port))
        return self

    def __exit__(self, exception, value, traceback):
```

```
        self._client.close()                    .

    def send(self, payload): <code for sending data>
    def receive(self): <code for receiving data>

with Protocol(host, port) as protocol:
    protocol.send(['get', signal])
    result = protocol.receive()
```

이 코드는 소켓을 사용해 원격 연결에 액세스하고자 컨텍스트 매니저를 사용한다. 그것은 많은 작업을 처리한다.

노트 컨텍스트 매니저는 다양한 경우에 사용될 수 있다. 테스트를 작성할 때 리소스를 관리하거나 예외를 처리할 기회가 있을 때마다 컨텍스트 매니저를 사용한다. 컨텍스트 매니저는 API를 훨씬 명확하게 만들고 많은 병목 현상 코드를 숨겨서 더 명확한 인터페이스를 제공한다.

요약

데코레이터와 컨텍스트 매니저는 파이썬의 최상위 계층이며 애플리케이션 디자인에서 선호된다. 데코레이터는 코드를 수정하지 않고 기존 객체에 새로운 기능을 추가할 수 있는 디자인 패턴이다. 마찬가지로 컨텍스트 매니저는 리소스를 효과적으로 관리할 수 있다. 이들을 사용하면 함수 전후에 특정 코드를 실행할 수 있을 뿐 아니라, API를 좀 더 명확하고 읽기 쉽게 만들 수 있다. 6장에서는 애플리케이션의 품질을 향상시켜주는 제너레이터와 이터레이터 같은 몇 가지 도구를 살펴본다.

## 6장

제너레이터와 이터레이터

파이썬에서 이터레이터^{iterator}와 제너레이터^{generator}는 유용한 도구다. 이 도구들을 사용하면 서로 다른 데이터 문제를 더욱 쉽게 처리할 수 있으며, 좀 더 명확하고 성능이 좋은 코드를 작성하는 데 도움이 된다.

파이썬에는 이 두 가지 기능을 활용할 수 있는 라이브러리가 있다. 6장에서는 그 기능들을 살펴보고, 많은 노력을 들이지 않고도 제너레이터와 이터레이터로 쉽게 처리할 수 있는 다양한 문제를 살펴본다.

이터레이터와 제너레이터의 활용

이번 절에서는 이터레이터와 제너레이터의 다양한 기능을 살펴보고, 코드에서 이 두 기능을 사용하는 더 좋은 위치를 살펴본다. 이러한 기능은 주로 다른 데이터 문제를 해결하는 데 유용하다.

이터레이터의 이해

이터레이터는 데이터 스트림에서 작동하는 객체다. 이터레이터 객체는 __next__라는 메서드를 갖고 있으며, for 루프, 리스트 컴프리헨션, 또는 모든 데이터 포인트를 통해 객체나 다른 데이터 구조에서 데이터를 얻기 위한 무언가를 사용할 때 백그라운드에서 __next__ 메서드가 호출된다.

예제 6-1은 클래스를 생성하고 이터레이터로 만드는 방법을 보여준다.

예제 6-1 이터레이터 클래스

```
class MultiplyByTwo:
    def __init__(self, number):
        self.number = number
        self.count = 0

    def __next__(self):
        self.count += 1
        return self.number * self.count

mul = MultiplyByTwo(500)
print(next(mul))
print(next(mul))
print(next(mul))
>>> 500
>>> 1000
>>> 1500
```

이터레이터가 실제로 파이썬에서 어떻게 작동하는지를 살펴보자. 위 코드에는 호출할 때마다 새 이터레이터를 반환하는 __next__라는 메서드를 가진 MultiplyByTwo라는 클래스가 있다. 이터레이터는 __next__ 내부의 카운터 변수counter variable를 사용해 시퀀스에 대한 레코드를 유지해야 한다. 그러나 for 루프에서 이 클래스를 사용하려고 하면 다음과 같이 오류가 발생한다.

```
for num in MultiplyByTwo(500):
    print(num)
>>> 'MultiplyByTwo' object is not iterable.
```

흥미롭게도 MultiplyByTwo는 이터레이터이며 이터러블[iterable]하지 않다. 따라서 for 루프는 여기서 작동하지 않는다. 그렇다면 이터러블한 것은 무엇인가? 이터러블이 이터레이터와 어떻게 다른지 살펴보자.

이터러블 객체에는 __iter__라는 메서드가 있으며, 이 메서드는 이터레이터를 반환한다. __iter__가 모든 객체에서 호출되면, 데이터를 가져오기 위해 객체를 반복하는 데 사용할 수 있는 이터레이터를 반환한다. 파이썬에서 문자열, 리스트, 파일, 딕셔너리는 모두 이터러블의 예제다.

이터레이터에 대해 for 루프를 시도하면 루프가 이터레이터를 반환하기 때문에 잘 작동한다.

이터러블과 이터레이터를 이해했으므로 MultiplyByTwo 클래스를 이터러블로 수정하자. 예제 6-2를 살펴보자.

예제 6-2 for 루프를 가진 이터레이터 클래스

```
class MultiplyByTwo:
    def __init__(self, number):
        self.number = number
        self.counter = 0

    def __iter__(self):
        return self

    def __next__(self):
        self.counter += 1
        return self.number * self.counter

for num in MultiplyByTwo(500):
    print(num)
```

이 이터레이터는 영구적으로 실행되므로 경우에 따라 유용할 수 있지만, 한정된 수의 이터레이터를 원한다면 어떻게 해야 하는가? 예제 6-3은 이를 구현하는 방법을 보여준다.

예제 6-3 StopIteration과 이터레이터 클래스

```python
class MultiplyByTwo:
    def __init__(self, number, limit):
        self.number = number
        self.limit = limit
        self.counter = 0

    def __iter__(self):
        return self

    def __next__(self):
        self.counter += 1
        value = self.number * self.counter

        if value > self.limit:
            raise StopIteration
        else:
            return value

for num in MultiplyByTwo(500, 5000):
    print(num)
```

StopIteration을 발생시키면 MultiplyByTwo 객체가 한계치를 넘었다는 신호를 받고, 파이썬에서 자동으로 처리하는 예외를 발생시키며, 루프를 종료한다.

제너레이터란 무엇인가?

제너레이터는 많은 양의 데이터나 많은 수의 파일을 읽는 데 실제로 유용하며, 일시 중지했다가 재시작할 수 있다. 제너레이터는 리스트처럼 반복할 수 있는 객체를 반환

한다. 하지만 리스트와 달리, 게으르고^{lazy} 한 번에 하나씩 항목을 생성한다. 다른 데이터 구조와 비교해 제너레이터는 큰 데이터 집합을 처리할 때 훨씬 더 메모리 효율적이다.

이전 예제의 이터레이터와 비슷한 곱셈 함수를 생성해본다. 예제 6-4를 살펴보자.

예제 6-4 제너레이터 예제

```
def multiple_generator(number, limit):
    counter = 1
    value = number * counter

    while value <= limit:
        yield value
        counter += 1
        value = number * counter


for num in multiple_generator(500, 5000):
    print(num)
```

__next__와 __iter__를 정의할 필요가 없으므로 이터레이터 예제보다 훨씬 짧은 것을 알 수 있다. 내부 상태를 추적하거나 예외를 발생시킬 필요도 없다.

주목할 만한 새로운 것은 yield 키워드다. yield는 return과 비슷하지만, 함수를 종료하는 대신 다른 값을 요청할 때까지 실행을 일시 중지한다. 제너레이터는 이터레이터에 비해 훨씬 읽기 쉽고 성능이 뛰어나다.

이터레이터를 사용하는 경우

이터레이터는 파일이나 데이터 스트림 형태로 많은 집합을 처리할 때 실제로 유용하다. 이터레이터는 메모리에 모든 데이터를 로드하는 대신 한 번에 하나씩 데이터를 처리할 수 있는 유연성을 제공한다.

일련의 숫자가 포함된 CSV 파일이 있으며 이 CSV 파일에서 숫자의 합을 계산해야 한다고 가정한다. CSV 파일의 데이터 시퀀스를 리스트에 저장한 다음, 합계를 계산하거나 CSV 파일을 행 단위로 읽고 각 행의 합계를 계산하는 이터레이터 접근 방식을 사용해 이를 수행할 수 있다.

예제 6-5에서 보듯이, 차이점을 이해할 수 있도록 두 가지 방법을 살펴보자.

예제 6-5 리스트를 사용한 CSV 파일 읽기

```
import csv

data = []
sum_data = 0

with open("numbers.csv", "r") as f:
    data.extend(list(csv.reader(f)))

for row in data[1:]:
    sum_data += sum(map(int, row))

print(sum_data)
```

여기서는 리스트의 데이터를 저장한 다음, 리스트에서 숫자의 합계를 계산한다. 메모리 측면에서 더 많은 비용이 들 수 있고, CSV 파일과 리스트 형태로 메모리에 데이터를 복제하기 때문에 메모리 누수가 발생할 수 있다. 따라서 큰 파일을 읽는 경우 위험할 수 있다. 여기서 이터레이터는 CSV 파일로부터 하나의 행만 가져와서 절약할 수 있으므로 한 번에 메모리의 모든 데이터를 버리는 것은 아니다. 예제 6-6을 살펴보자.

예제 6-6 이터레이터를 사용한 CSV 파일 읽기

```
import csv

sum_data = 0
```

```
with open('numbers.csv', 'r') as f:
    reader = csv.reader(f)
    for row in list(reader)[1:]:
        sum_data += sum(map(int, row))

print(sum_data)
```

이 코드는 한 행의 합계를 계산하고, 다음 행에 CSV 파일에서 새 데이터셋을 제공하도록 이터레이터에게 요청해 추가한다.

이터레이터의 또 다른 사용 사례는 데이터베이스에서 데이터를 읽을 때다. 전자상거래 회사가 온라인 상점을 통해 제품을 판매하고 사용자가 온라인 결제로 해당 제품을 구매하는 시나리오를 생각해보자. 사용자의 결제는 Payment라는 테이블에 저장되며, 24시간이 지나면 자동 시스템이 Payment 테이블을 조회하고 지난 24시간 동안의 총수익을 계산한다.

이 문제를 해결하는 방법에는 두 가지가 있다. 첫 번째 옵션은 Payment 테이블에 질의하고 금액 리스트를 얻은 다음 해당 금액의 합계를 계산하는 것이다. 정상적인 날에는 이 기능이 작동할 수 있지만, 회사가 수백만 건의 거래를 하는 블랙 프라이데이나 휴일과 같은 특정 날짜를 고려해보자. 한 번에 수백만 개의 레코드를 메모리에 로드하기 위해 시스템이 고장날 수 있다. 두 번째 옵션은 테이블에 질의하지만 행 단위, 또는 다수 행(예를 들어, 100개 행이나 1,000개 행)으로 데이터를 가져온 다음 총 트랜잭션을 계산하는 것이다. 디장고에서는 예제 6-7의 코드와 같은 작업을 수행할 수 있다.

예제 6-7 이터레이터를 사용한 데이터베이스 결제 정보 읽기

```
def get_total_payment():
    payments = Payment.objects.all()
    sum_amount = 0
    if payments.exists():
        for payment in payments.iterator():
            sum_amount += payment
    return sum_amount
```

이 코드는 모든 데이터를 한 번에 로드하지 않고 데이터베이스에서 한 번에 한 행씩 데이터를 가져온 후 총합을 계산한다.

itertools 사용

파이썬에는 유용한 메서드 집합인 itertools라는 모듈이 있다. 여기서 모든 메서드를 다룰 수는 없지만, 그중 일부를 살펴본다.

combinations()

```
itertools.combinations(iterable, r)
```

이 도구는 r 길이인 iterable 튜플 조합을 제공한다.

```
from itertools import combinations

print(list(combinations('12345',2)))
[('1', '2'), ('1', '3'), ('1', '4'), ('1', '5'),
 ('2', '3'), ('2', '4'), ('2', '5'),
 ('3', '4'), ('3', '5'),
 ('4', '5')
]
```

permutations()

```
itertools.permutations(iterable, r)
```

r 길이의 모든 순열을 반환한다. r이 None인 경우, r의 기본 길이는 이터러블의 길이다.

```
from itertools import permutations

print(list(permutations(['1','2','3'])))
[('1', '2', '3'), ('1', '3', '2'),
 ('2', '1', '3'), ('2', '3', '1'),
 ('3', '1', '2'), ('3', '2', '1')
]
```

product()

```
itertools.product(iterable, r)
```

이 도구는 입력 이터러블의 카티전 곱^{Cartesian product}을 계산한다. 이것은 중첩 루프와
비슷하다.

예를 들어 product(x, y)는 다음과 같다.

```
((x,y) for x in A for y in B)

from itertools import product

print(list(product([1,2,3],repeat = 2)))
[(1, 1), (1, 2), (1, 3),
 (2, 1), (2, 2), (2, 3),
 (3, 1), (3, 2), (3, 3)
]
```

count()

```
itertools.count(start=0, step=1)
```

count()는 숫자 start부터 시작해 균등한 간격으로 숫자로 반환하는 이터레이터다.

예를 들어, count()는 4의 간격으로 숫자 이터레이터를 반환하도록 한다.

```
import itertools

for num in itertools.count(1, 4):
    print(num)
    if num > 24:
        break

>>> 1, 5, 9, 13, 17, 21
```

groupby()

```
itertools.groupby(iterable, key=None)
```

itertools.groupby 도구를 사용하면 항목을 그룹화할 수 있다.

간단한 예제로, 다음과 같이 문자를 그룹화해야 한다고 가정한다.

```
from itertools import groupby

numbers = '555441222'
result = []
for num, length in groupby(numbers):
    result.append((len(list(length)), int(num)))

print(*result)

>>> (3, 5) (2, 4) (1, 1) (3, 2)
```

itertools에는 실제로 유용한 여러 메서드가 있다. 자세한 내용은 https://docs.pyth

on.org/3.7/library/itertools.html을 참조한다.

제너레이터가 유용한 이유

이터레이터와 마찬가지로 제너레이터는 메모리를 절약한다. 제너레이터는 느리게 진
전할 수 있으므로 작업에 필요한 데이터만 가져와서 메모리를 절약할 수 있다. 따라
서 데이터베이스에서 큰 파일을 읽을 때 제너레이터를 사용해 메모리와 CPU 주기를
절약할 수 있다.

파일을 게으른 방법으로 읽고 싶다고 가정하자. yield 키워드를 사용해 제너레이터
함수를 생성할 수 있다. 예제 6-8을 살펴보자.

예제 6-8 제너레이터를 사용한 청크 읽기

```python
def read_in_chunks(file_handler, chunk_size=1024):
    """파일을 한 조각씩 읽는 게으른 함수(제너레이터).
    기본 청크 크기: 1k."""
    while True:
        data = file_handler.read(chunk_size)
        if not data:
            break
        yield data


f = open('large_number_of_data.dat')
for piece in read_in_chunks(f):
    print(piece)
```

여기서 파일을 메모리에 로드하는 대신 청크로 큰 파일을 읽는다.

리스트 컴프리헨션과 이터레이터

리스트 컴프리헨션과 이터레이터는 숫자를 생성하는 두 가지 다른 방법이며, 숫자를
생성하는 동안 데이터를 메모리에 저장하거나 작업을 수행하는 방법에서 큰 차이가

있다.

```
# 숫자를 200까지 생성하는 이터레이터 표현식
(x*2 for x in xrange(200))
# 숫자를 200까지 생성하는 리스트 컴프리헨션 표현식
[x*2 for x in xrange(200)]
```

여기서 중요한 차이점은 리스트 컴프리헨션이 완료되면 200개의 숫자를 모두 메모리에 저장한다는 것이다. 하지만 이터레이터는 즉시 숫자를 생성하는 이터러블 객체를 생성하므로, 이터레이터의 경우 속도가 빠르다. 또한 이터레이터를 사용하면 객체 주위를 유연하게 이동해 숫자를 즉시 생성할 수도 있다.

yield 키워드 활용

yield를 살펴보기 전에 파이썬에서 yield 키워드를 사용하는 방법을 다룰 것이다.

함수 중 하나에서 yield를 정의하고, 함수가 호출되면 제너레이터 객체가 제공된다. 하지만 그것은 함수를 실행하지 않는다. 제너레이터 객체를 얻고 제너레이터(for 루프 사용이나 next() 사용)에서 객체를 추출할 때마다 파이썬은 yield 키워드가 다가올 때까지 함수를 실행할 것이다. 파이썬이 yield 키워드에 도달하면 객체를 전달하고 추출할 때까지 일시 중지한다. 일단 객체를 추출하면, 파이썬은 다른 yield(동일 yield 키워드이거나 다른 yield일 수 있음)에 도달할 때까지 계속해서 yield 후에 코드를 재개하고 실행한다. 제너레이터가 소진되면, for 루프가 자동으로 처리되는 StopIteration 예외와 함께 종료될 것이다.

즉, yield는 함수가 제너레이터를 반환한다는 점을 제외하고 return과 같이 사용되는 키워드다. 예제 6-9를 참조한다.

```
def generate_numbers(limit):
    for item in range(limit):
        yield item*item
        print(f"Inside the yield: {item}")

numbers = generate_numbers(3) # 제너레이터 생성

print(numbers) # numbers는 객체다
>>> <generator object generate_numbers at 0xb7555c34>

for item in numbers:
    print(item)

>>> 0
>>> Inside the yield: 0
>>> 1
>>> Inside the yield: 1
>>> 4
>>> Inside the yield: 2
```

여기서 yield 키워드를 사용해 제너레이터 함수를 생성했다. generate_numbers() 함수를 호출하면 제너레이터 객체인 numbers 객체를 얻는다. 그런 다음 이를 사용해 숫자를 즉시 생성할 수 있다.

for 루프에서 제너레이터 객체를 처음 호출하면, yield 키워드가 발생할 때까지 generator_numbers의 시작부터 함수를 실행한 다음 중지하고 루프의 첫 번째 값을 반환한다. 두 번째로 호출되면, print(f"Inside the yield: {item}")인 다음 라인에서 시작한다. 한계에 도달할 때까지 계속 수행한다.

yield from

yield from 키워드는 파이썬 3부터 사용됐다. yield from의 주요 사용 사례는 예제

6-10에서 보듯이 다른 제너레이터에서 값을 얻는 것이다.

예제 6-10 yield from 키워드를 사용한 숫자 생성

```python
def flat_list(iter_values):
    """멀티 리스트나 그 외의 것을 펼친다. """
    for item in iter_values:
        if hasattr(item, '__iter__'):
            yield from flat_list(item)
        else:
            yield item

print(list(flat_list([1, [2], [3, [4]]])))
>>> [1, 2, 3, 4]
```

flat_list를 반복하는 대신 yield from을 사용해 라인을 단축할 뿐만 아니라 코드를 더 명확하게 한다.

데이터 구조와 비교해 더 빠른 yield

많은 데이터를 처리하고 빠른 속도가 필요한 경우라면, 리스트나 튜플과 같은 데이터 구조에 의존하는 대신 제너레이터를 사용해 데이터를 생성해야 한다.

다음은 간단한 예제다.

```python
data = range(1000)
def using_yield():
    def wrapper():
        for d in data:
            yield d
    return list(wrapper())

def using_list():
    result = []
    for d in data:
```

```
        result.append(d)
    return result
```

두 코드 예제를 모두 실행하면, yield를 사용하는 것이 리스트를 사용하는 것보다 확실히 빠르다는 사실을 알게 될 것이다.

요약

제너레이터와 이터레이터는 특히 대량의 데이터나 큰 파일을 처리할 때 매우 유용하다. 하지만 과도하게 사용하면 메모리 누수와 같은 문제가 발생할 수 있으므로 메모리와 CPU의 소모에 특히 유의해야 한다. 파이썬은 itertools와 같은 도구를 제공해 이러한 모든 문제를 피할 수 있도록 도와준다. 대용량 파일을 다루거나 데이터베이스를 다루거나 여러 API를 호출할 때는 더욱 부지런해야 한다. 이러한 도구를 사용하면 코드를 더 명확하고 실행력 있게 만들 수 있다.

7장

새로운 파이썬 기능 활용

최근 파이썬 3 버전에 도입된 새로운 기능 덕분에 파이썬으로 프로그램을 작성하는 재미가 훨씬 더 커졌다. 파이썬은 이미 많은 훌륭한 기능을 갖춘 언어이며, 특히 파이썬 3에서는 기능이 훨씬 더 풍부해졌다. 파이썬 3는 비동기 프로그래밍asynchronous programming/async programming, 타이핑, 성능 향상, 이터레이터 개선 등을 위한 기본 지원과 같은 기능을 포함한다.

7장에서는 파이썬 이전 버전에 비해 코드를 발전시키고 성능을 향상시킬 수 있는 새로운 기능을 살펴본다. 이러한 기능 중 일부나 전부를 사용하는 것이 어떻게 유용한지, 코드의 어느 부분에서 해당 기능의 사용을 고려해야 하는지를 살펴볼 것이다.

노트 공식 문서 https://docs.python.org/3/whatsnew/3.7.html에서 파이썬의 새로운 기능을 살펴볼 수 있다. 이 책을 저술하는 시점에 파이썬 3는 아직 개발 중이므로 여기서 언급하지 않은 개선 사항이 있을 수 있다. 따라서 파이썬 3와 관련된 최신 기능은 파이썬 공식 문서에서 확인하자.

비동기 프로그래밍

자바스크립트^{JavaScript}와 같은 또 다른 언어로 비동기 프로그래밍을 해본 적이 있다면, 비동기 프로그래밍이 그다지 쉬운 주제가 아니라는 사실을 알고 있을 것이다. 파이썬 3.4 이전에는 서드 파티 라이브러리를 사용해 비동기 프로그래밍을 수행하는 방법이 있었지만, 비동기 프로그래밍에 매우 친숙한 노드JS^{NodeJS}와 같은 언어와 비교하면 항상 조금 어색했다.

파이썬은 동기 코드와 비동기 코드를 모두 작성할 수 있으므로 이 주제에 유연하다. 비동기 프로그래밍은 리소스를 좀 더 효과적으로 사용하기 때문에 동기 프로그래밍에 비해 코드를 훨씬 효율적이면서 성능이 우수하게 만들 수 있다. 그러나 비동기 프로그래밍을 사용해야 하는 시기와 사용하지 말아야 할 시기를 아는 것이 중요하다.

더 나아가기 전에 비동기 프로그래밍과 동기 프로그래밍을 살펴보자. 동기 세계에서는 한 번에 하나씩 상황이 발생한다. 함수나 태스크를 호출하면, 프로그램 제어는 현재 단계가 완료될 때까지 기다렸다가 다음 단계를 진행한다. 함수가 태스크를 마치면 함수는 결과를 반환한다. 함수가 태스크를 수행하는 동안 시스템은 완료될 때까지 다른 태스크를 수행하지 않는다.

비동기 세계에서는 여러 가지 상황이 동시에 발생할 수 있다. 행동을 시작하거나 함수를 호출하면 프로그램은 계속 실행되며, 해당 비동기 함수가 완료되길 기다리지 않고 다른 행동을 수행하거나 다른 함수를 호출할 수 있다. 비동기 함수가 태스크를 완료하면 프로그램 제어는 결과를 액세스할 수 있다.

예를 들어, 각기 다른 회사의 주식 API를 호출해 여러 회사의 주식 데이터를 가져와야 한다고 가정하자. 동기 코드에서는 첫 번째 주식 API를 호출하고 응답을 기다린다음, 다른 호출을 수행해 완료될 때까지 기다린다. 이것은 프로그램을 실행하는 간단한 방법이다. 하지만 프로그램이 응답을 기다리는 데 너무 많은 시간을 소비한다.

비동기 코드에서는 첫 번째 주식 API를 호출한 다음 두 번째 및 세 번째 API를 호출하고, 해당 API 중 하나에서 결과를 얻을 때까지 계속한다. 결과를 수집하고 결과를 기다리는 대신 다른 주식 API를 계속 호출한다.

이번 절에서는 파이썬의 비동기 프로그래밍을 살펴보고 그 사용법을 이해할 수 있을 것이다. 파이썬 비동기 프로그래밍의 세 가지 주요 구성 요소는 다음과 같다.

- 이벤트 루프event loop의 주요 태스크는 다른 태스크를 관리하고 실행을 위해 배포하는 것이다. 이벤트 루프는 각 태스크를 등록하고 이러한 태스크 사이의 흐름 제어를 처리한다.
- 코루틴coroutine은 이벤트 루프가 실행되도록 예약하는 함수다. await는 제어 흐름을 다시 이벤트 루프로 돌려주고 해제한다.
- 퓨처future는 실행됐거나 실행되지 않은 태스크의 결과를 나타낸다. 이 결과는 예외일 수 있다.

파이썬의 비동기 도입

파이썬 프로그래밍에서 비동기 패러다임을 달성하기 위해 파이썬은 두 가지 주요 컴포넌트component를 도입했다.

- asyncio: API가 코루틴을 실행하고 관리할 수 있게 해주는 파이썬 패키지다.
- async/await: 파이썬은 비동기 코드를 다루기 위해 두 가지 새로운 키워드를 도입했다. 코루틴을 정의하는 데 도움이 된다.

기본적으로 파이썬은 이제 비동기식과 동기식이라는 두 가지 방식으로 실행할 수 있다. 어떤 방법을 선택하는지에 따라 코드의 기능과 동작이 다르기 때문에 코드를 디자인할 때 다르게 생각해야 한다. 이 스타일들은 또한 서로 다른 라이브러리를 가진다. 다시 말해, 비동기식 코딩과 동기식 코딩은 스타일과 구문 측면에서 서로 다르다.

이 요점을 설명하기 위해 HTTP 호출을 하는 경우 블로킹^{blocking} requests 라이브러리를 사용할 수 없다. 따라서 aiohttp를 사용해 HTTP 호출을 고려할 수 있다. 마찬가지로 몽고^{Mongo} 드라이버로 작업하는 경우에는 mongo-python과 같은 동기식 드라이버에 의존할 수 없다. 몽고DB^{MongoDB}에 액세스하려면 motor와 같은 비동기 드라이버를 사용해야 한다.

동기식 세계의 파이썬에서는 동시 또는 병렬 처리를 수행하는 쉬운 방법이 없다. 하지만 파이썬의 스레드 모델^{thread model}을 사용해 코드를 병렬로 실행하는 옵션이 있다. 그러나 비동기 세계(병렬과 혼동하지 말자.)에서는 상황이 더 좋아졌다. 이제 모든 것이 이벤트 루프에서 실행되므로 여러 코루틴을 한 번에 실행할 수 있다. 이 코루틴은 await에 도달할 때까지 동기식으로 실행된 다음 일시 중지돼 이벤트 루프를 제어한다. 다른 코루틴은 행동을 수행할 기회를 갖거나, 다른 일이 발생할 것이다.

또한 동일한 함수에서 비동기 코드와 동기 코드를 혼합할 수는 없다. 예를 들어 동기화 함수와 함께 await를 사용할 수 없다.

특히 파이썬 세계에서 비동기 프로그래밍에 들어가기 전에 알아야 할 몇 가지 사항이 있다.

- 동기식 프로그래밍에서는 실행을 중단하거나 프로그램이 아무것도 하지 않게 하려면 일반적으로 파이썬 time.sleep(10) 함수를 사용한다. 그러나 비동기 환경에서는 예상대로 작동하지 않는다. 그 대신 await asyncio.sleep(10)을 사용해야 한다. 이것은 이벤트 루프로 제어를 반환하지 않으며 전체 프로세스를 유지할 수 있다. 코드가 하나의 await 호출에서 다른 곳으로 이동할 때 경쟁 조건이 더 어렵다는 것을 고려하면 좋은 일이 될 수 있으므로, 다른 일이 일어나지 않을 것이다.
- 비동기 함수에서 블로킹 코드를 사용하면, 파이썬은 그 코드를 사용하는 것에 대해 불평하지 않는다. 하지만 고통스럽게 느려질 것이다. 또한 파이썬에는 디

버그 모드가 있는데, 일반적인 오류로 너무 오랫동안 블로킹되는 것들을 경고할 것이다.

- 동일한 코드 베이스에서 비동기 및 동기 코드를 작성할 때는 중복 코드를 고려해야 한다. 대부분의 경우 비동기 및 동기 코드 모두에 동일한 라이브러리나 헬퍼를 사용하는 것이 불가능할 수 있다.

- 비동기 코드의 작성은 동기 코드의 전체 제어와 비교해, 실행할 때 제어 흐름이 유실될 수 있다고 가정해야 한다. 특히 코드에서 여러 코루틴을 실행하면 여러 가지 일이 발생한다.

- 알다시피 비동기 세계에서는 디버깅이 더 어렵다. 현재로서는 디버깅에 유용한 도구나 기술이 없다.

- 파이썬에서 비동기 코드 테스트는 그리 편리하지 않다. 비동기 코드를 테스트하기 위한 좋은 라이브러리가 부족하다. 이를 달성하려는 일부 라이브러리를 볼 수 있지만, 자바스크립트와 같은 여러 프로그래밍 언어에서처럼 편리하지는 않다.

- 동기 함수 내 동기 코드의 await처럼 파이썬의 async 키워드를 사용하면 구문 오류가 발생할 것이다.

코드 디자인의 사고 방식을 비동기적으로 변경하는 것도 중요하다. 코드 베이스에 비동기 코드와 동기 코드가 모두 있으면 다르게 봐야 한다. async def 내부의 모든 것은 비동기 코드이고, 그 밖의 모든 것은 동기 코드다.

비동기 코드를 사용할 때 고려해야 할 두 가지 사례가 있다.

- 비동기 코드에서 비동기 코드를 호출하면, await와 async 같은 모든 파이썬 키워드를 사용해 파이썬 비동기 코딩을 완전히 활용할 수 있다.

- 파이썬 3.7에서는 asyncio의 run() 함수를 호출해 동기화 코드에서 비동기 코드를 호출할 수 있다.

파이썬에서 전반적으로 비동기 코드를 작성하는 것은 동기 코드를 작성하는 것만큼 쉽지 않다. 파이썬 비동기 모델은 이벤트, 콜백, 전송, 프로토콜, 퓨처와 같은 개념을 기반으로 한다. 한 가지 좋은 소식은 asyncio 라이브러리가 발전하고 있으며 각 릴리스가 개선되고 있다는 것이다. 파이썬 asyncio를 다뤄본다.

노트 비동기 코드를 작성하기 전에, 특히 동기식 프로그래밍을 주로 접해온 경우라면 비동기 방식으로 코드를 작성하는 것에 대한 올바른 사고 방식을 갖춰야 한다. 비동기 프로그래밍을 이해할 수 없다고 느끼는 경우가 많을 것이다. 비동기 코드를 꼭 필요한 부분에만 사용하고 영향을 최소화하면서 코드 베이스에 도입하는 것이 코드 사용을 시작하는 좋은 방법이다. 비동기 코드를 위한 좋은 테스트는 코드 베이스의 변경 사항이 기존 기능을 손상시키지 않는다. 파이썬의 비동기 세계에서 여러 움직임이 더 빨라지고 있으므로, 비동기 프로그래밍의 모든 새로운 기능과 관련해 파이썬의 새로운 릴리스를 주시해보자.

작동 방법

asyncio 기능의 배경을 살펴봤으므로 이제 실제 환경에서 asyncio가 작동하는 방법을 다루자. 파이썬은 비동기 코드를 작성하기 위해 asyncio 패키지를 도입했다. 패키지는 async와 await라는 두 개의 키를 제공한다. 간단한 비동기 예제로 파이썬 비동기가 실제로 어떻게 작동하는지 살펴보자. 예제 7-1을 참조한다.

예제 7-1 비동기 코드를 보여주는 간단한 Hello 예제

```python
import asyncio

async def hello(first_print, second_print):
    print(first_print)
    await asyncio.sleep(1)
    print(second_print)

asyncio.run(hello("Welcome", "Good-bye"))
Welcome
Good-bye
```

예제 7-1은 간단한 비동기 코드를 보여준다. 우선 Welcome을 출력한 다음 1초 후에 Good-bye를 출력한다. 작동 방법을 살펴보자. 먼저 asyncio.run()은 전달된 Welcome과 Good-bye라는 두 개의 매개변수를 사용해 비동기 함수 hello를 호출한다. hello 함수가 호출되면, 먼저 first_print를 출력한 다음 second_print를 출력하기 위해 1초 동안 기다린다. 이 동작은 동기 코드처럼 보일 수 있다. 그러나 세부 사항에 들어가면 아마 여러분은 놀라게 될 것이고, 비동기 코드가 실제로 어떻게 작동하는지 이해하는 데 도움이 될 것이다. 먼저 여기에 사용되는 몇 가지 용어를 이해해보자.

코루틴 함수

async def로 정의된 모든 함수는 파이썬에서 코루틴이라고 부를 수 있다. 여기서 async def hello(first_print, second_print)를 코루틴 함수라고 한다.

코루틴 객체

코루틴 함수를 호출해 반환된 객체를 코루틴 객체coroutine object라고 한다. 이후 실제 세계에서 코루틴 함수와 코루틴 객체 간의 차이점이 더 분명한 예제를 보게 될 것이다.

asyncio.run()

이 함수는 asyncio 모듈의 일부다. 모든 비동기 코드의 기본 진입점이며 한 번만 호출해야 한다. 이것은 다음과 같은 일을 한다.

- 이전 예제에서 전달된 코루틴인 async def hello 코루틴 함수를 실행하는 책임이 있다.
- asyncio 이벤트 루프도 관리한다. 기본적으로 새로운 이벤트 루프를 생성하고 마지막에 닫는다.

await

await는 함수 제어를 이벤트 루프로 재전달하고 코루틴 실행을 일시 중단하는 키워드다. 이전 예제에서 파이썬이 await 키워드를 발견하면, hello 코루틴 실행을 1초 동안일시 중단하고 제어를 이벤트 루프로 다시 전달해 1초 후에 다시 시작한다.

자세히 설명하기 전에 간단한 예제를 하나 더 다루고 무슨 일이 발생하는지 살펴본다. await는 일반적으로 기다릴 때까지 코루틴 함수의 실행을 일시 중단한다. 코루틴결과가 반환되면 실행이 다시 시작된다. 다음과 같이 await를 위한 몇 가지 규칙이있다.

- async def 함수 내에서만 사용할 수 있다.
- 일반 함수에서 정의하면 예외가 발생한다.
- 코루틴 함수를 호출하려면 결과가 다시 나타날 때까지 기다려야 한다.
- await func()와 같은 것을 사용할 때는 func()가 대기 가능한[awaitable] 객체여야한다. 즉, 또 다른 코루틴 함수나 이터레이터를 반환하는 __await__() 메서드를 정의한 객체여야 한다는 의미다.

이제 예제 7-2에서 좀 더 유용한 예제를 살펴보고, 여기서 동시에 태스크를 실행해비동기 기능을 활용할 것이다.

예제 7-2 두 개의 태스크를 실행하는 asyncio

```
import asyncio
import time

async def say_something(delay, words):
    print(f"Before: {words}")
    await asyncio.sleep(delay)
    print(f"After: {words}")

async def main():
    print(f"start: {time.strftime('%X')}")
```

```
    await say_something(1, "First task started.")
    await say_something(1, "Second task started.")

    print(f"Finished: {time.strftime('%X')}")

asyncio.run(main())
```

결과는 다음과 같다.

```
start: 11:30:11
Before: First task started.
After: First task started.
Before: Second task started.
After: Second task started.
Finished: 11:30:13
```

여기서 코루틴 함수 say_something은 두 번 호출돼 두 버전이 모두 끝나길 기다리는 방식으로 동일한 코루틴을 두 번 실행하고 있다. 결과에서 알 수 있듯이, say_something 코루틴이 먼저 실행되고 1초 동안 기다린 후 코루틴을 완료한다. 이후 다른 태스크를 수행하기 위해 main() 코루틴에서 다시 호출되고, 1초 후에 두 번째 태스크를 출력한다. 이는 async를 사용할 때 원하는 바가 아니며, 여전히 동기 코드가 실행 중인 것처럼 보인다. 비동기 코드의 주요 아이디어는 say_something을 두 번 동시에 실행할 수 있다는 것이다.

예제 7-3과 같이 이 코드를 변환해 동시에 실행하자. 이전 예제와 비교해 코드에 몇 가지 중요한 변경 사항이 있을 수 있다.

예제 7-3 코드를 병렬로 실행하는 asyncio

```
import asyncio
import time

async def say_something(delay, words):
```

```python
        print(f"Before: {words}")
        await asyncio.sleep(delay)
        print(f"After: {words}")

async def main():
    print(f"Starting Tasks: {time.strftime('%X')}")
    task1 = asyncio.create_task(say_something(1, "First task started"))
    task2 = asyncio.create_task(say_something(2, "Second task started"))

    await task1
    await task2

    print(f"Finished Tasks: {time.strftime('%X')}")

asyncio.run(main())
```

결과는 다음과 같다.

```
Starting Tasks: 11:43:56
Before: First task started
Before: Second task started
After: First task started
After: Second task started
Finished Tasks: 11:43:58
```

결과에서 볼 수 있듯이, 이 함수는 병렬로 서로 다른 매개변수를 사용해 동일한 코루틴을 동시에 실행하고 있다.

이 예제에서 발생한 문제를 살펴보자.

- say_something 코루틴은 task1이라는 매개변수의 첫 번째 태스크로 시작한다.
- 이후 await 키워드가 발생하면 1초 동안 실행을 일시 중단한다.
- task1에서 await가 발생하면 실행 중인 코루틴을 일시 중단하고 제어를 이벤트 루프로 반환한다.

- task2라는 또 다른 태스크는 매개변수로 create_task 내부의 코루틴 함수 say_something을 래핑wrapping해 생성된다.

- 두 번째 태스크인 task2가 실행을 시작하면 async def say_something 코루틴에서 task1과 유사한 await 키워드가 발생한다.

- 이후 task2를 2초 동안 일시 중지시키고 제어를 이벤트 루프로 반환한다.

- 이제 asyncio.sleep이 완료됐으므로(1초 동안 슬립) 이벤트 루프가 첫 번째 태스크(task1)를 재개한다.

- 태스크 task1이 작업을 완료하면, 두 번째 태스크인 task2가 작업을 재개하고 완료한다.

여기서 가장 먼저 주목할 것은 asyncio.create_task()이다. 이는 함수가 asyncio 태스크와 동시에 코루틴을 실행하게 한다.

태스크

코루틴 함수가 asyncio.create_task()와 같은 메서드를 사용해 호출될 때마다 코루틴은 자동으로 곧 실행되도록 예약된다.

태스크는 코루틴 함수를 동시에 실행하는 데 도움이 되고, 파이썬은 파이썬 asyncio 세계에서 이 실행 중인 코루틴 태스크를 호출한다. asyncio 라이브러리를 사용해 태스크를 생성하는 간단한 예제를 살펴보자. 예제 7-4를 참조한다.

예제 7-4 간단한 태스크 생성 예제

```
import asyncio

async def value(val):
    return val

async def main():
    # 동시에 실행할 태스크 생성
    # 여기서 가능한 한 많은 태스크를 생성할 수 있다
```

```
    task = asyncio.create_task(value(89))

    # 태스크가 완료될 때까지 기다릴 것이다
    await task

asyncio.run(main())
```

태스크를 생성하고 모든 태스크가 완료될 때까지 기다리는 또 다른 방법은 asyncio. gather 함수를 사용하는 것이다. asyncio.gather는 모든 코루틴 함수를 태스크로 실행하고 이벤트 루프로 반환하기 전에 결과를 기다릴 수 있는 기능을 갖고 있다.

예제 7-5를 살펴보자.

예제 7-5 동시에 태스크를 실행하기 위한 asyncio.gather 사용

```
import asyncio
import time

async def greetings():
    print("Welcome")
    await asyncio.sleep(1)
    print("Good By")

async def main():
    await asyncio.gather(greetings(), greetings())

def say_greet():
    start = time.perf_counter()
    asyncio.run(main())
    elapsed = time.perf_counter() - start
    print(f"Total time elapsed: {elapsed}")

asyncio.run(say_greet())
```

이 코드를 실행하면 다음과 같이 표시될 것이다.

```
Welcome
Welcome
Good By
Good By
Total time elapsed: 1.006283138
```

위 코드가 asyncio.gather를 사용해 어떻게 실행되는지 이해해보자. 이 코드를 실행하면, 콘솔에 Welcome이 두 번 나타나고 Good By가 두 번 실행된다. 두 개의 Welcome 메시지와 두 개의 Good By 메시지를 출력하는 데 약간의 지연이 있다.

say_greet()에서 async main() 함수를 호출하면 greetings() 함수와 연결하는 것이 이벤트 루프의 작업이며, greetings() 실행을 태스크라고 할 수 있다.

위 코드에서는 greetings() 함수를 실행할 수 있는 두 가지 태스크가 실행 중이다.

이야기하지 않은 주제 중 하나는 await 키워드다. 이것은 파이썬의 asyncio 프로그래밍에서 중요한 키워드 중 하나다. await와 함께 사용할 수 있는 모든 객체를 대기 가능한 객체라고 부를 수 있다. asyncio 라이브러리의 작동 방식과 파이썬의 다른 태스크 사이를 전환하는 방법에 대한 더 나은 그림을 제공하므로 대기 가능한 객체를 이해하는 것이 중요하다.

대기 가능한 객체

이미 언급했듯이 await와 함께 사용하는 모든 객체를 대기 가능한 객체라고 한다. 대부분의 asyncio API는 대기 가능한 객체를 수용한다.

대기 가능한 객체는 비동기 코드에서 다음 타입을 가진다.

코루틴

이전 절에서 코루틴 개념을 살펴봤다. 여기서는 더 자세히 살펴보고 이것이 대기 가능한 타입 중 하나인지 확인할 것이다.

모든 코루틴 함수는 대기 가능하므로 다른 코루틴에서 대기할 수 있다. 코루틴을 서 브루틴subroutine으로 정의할 수도 있지만, 비동기 세계의 상태를 파괴하지 않고 종료 할 수 있다. 예제 7-6을 살펴보자.

예제 7-6 다른 코루틴으로부터 대기하는 코루틴

```python
import asyncio

async def mult(first, second):
    print(f"Calculating multiply of {first} and {second}")
    await asyncio.sleep(1)
    num_mul = first * second
    print(f"Multiply of {num_mul}")
    return num_mul

async def sum(first, second):
    print(f"Calculating sum of {first} and {second}")
    await asyncio.sleep(1)
    num_sum = first + second
    print(f"Sum is {num_sum}")
    return num_sum

async def main(first, second):
    await sum(first, second)
    await mult(first, second)

asyncio.run(main(7, 8))
```

결과는 다음과 같다.

```
Calculating sum of 7 and 8
Sum is 15
Calculating multiply of 7 and 8
Multiply of 56
```

이 예제에서 알 수 있듯이, 코루틴을 여러 번 호출하고 await 키워드와 함께 코루틴을 사용한다.

태스크

코루틴은 asyncio의 asyncio.create_task() 메서드를 사용해 태스크에 래핑될 때 실행되도록 예약된다. 대부분의 경우, 비동기 코드를 사용하면 코루틴을 동시에 실행하기 위해 create_task 메서드로 처리한다. 예제 7-7을 참조한다.

예제 7-7 코루틴 실행 예약을 도와주는 create_task

```
import asyncio

async def mul(first, second):
    print(f"Calculating multiply of {first} and {second}")
    await asyncio.sleep(1)
    num_mul = first * second
    print(f"Multiply of {num_mul}")
    return num_mul

async def sum(first, second):
    print(f"Calculating sum of {first} and {second}")
    await asyncio.sleep(1)
    num_sum = first + second
    print(f"Sum is {num_sum}")
    return num_sum

async def main(first, second):
    sum_task = asyncio.create_task(sum(first, second))
    mul_task = asyncio.create_task(sum(first, second))
    await sum_task
    await mul_task

asyncio.run(main(7, 8))
```

결과는 다음과 같다.

```
Calculating sum of 7 and 8
Calculating sum of 7 and 8
Sum is 15
Sum is 15
```

이 예제에서 볼 수 있듯이 태스크를 생성하기 위해 asyncio 메서드 asyncio.create_ task를 활용해 서로 다른 두 개의 코루틴을 동시에 실행한다.

태스크가 생성되면 await 키워드를 사용해 새로 생성된 태스크를 동시에 실행한다. 두 태스크가 완료되면 결과를 이벤트 루프로 전송한다.

퓨처

퓨처^{future}는 비동기 작업의 미래 결과를 나타내는 대기 가능한 객체다. 코루틴은 Future 객체가 응답을 반환하거나 작업을 완료할 때까지 기다려야 한다. 대부분의 경우, 코드에서 Future 객체를 명시적으로 사용하지 않을 것이다. 그러나 Future 객체는 asyncio에 의해 암묵적으로 처리됐다.

퓨처 인스턴스가 생성될 때, 아직 완성되지는 않았지만 언젠가 완성될 것이라는 점을 의미한다.

Future에는 done()과 cancel() 같은 메서드가 있다. 대부분의 경우 이와 같은 코드를 작성할 필요가 없지만, Future 객체를 이해하는 것은 필수적이다.

Future 객체는 __await__() 메서드를 구현하고, Future 객체의 작업은 특정 상태와 결과를 유지하는 것이다.

Future는 다음과 같은 상태를 가진다.

- PENDING: Future가 완료되길 기다리고 있다는 것을 나타낸다.
- CANCELLED: 언급한 것처럼 cancel 메서드를 사용해 Future 객체를 취소할 수 있다.

- FINISHED: Future 객체를 완료할 수 있는 두 가지 방법은 Future.set_result()
  또는 Future.set_exception() 예외다.

예제 7-8은 Future 객체의 예를 보여준다.

Future 객체

```
from asyncio import Future

future = Future()
print(future.done())
```

결과는 다음과 같다.

```
False
```

asyncio 세계에서 대기 가능한 메서드가 어떻게 작용하는지를 더 잘 이해할 수 있으
므로 asyncio.gather를 더 많이 배울 수 있는 좋은 시간이 될 것이다.

노트　여기서는 gather 메서드만 다룬다. 하지만 다른 asyncio 메서드를 살펴보고 구문을 확인하는 것이
좋다. 대부분의 경우, 이러한 함수에 어떤 종류의 입력이 필요하고 그 이유는 무엇인지를 알 수 있다.

구문은 다음과 같다.

```
asyncio.gather(*aws, loop=None, return_exceptions=False)
```

aws는 하나의 코루틴이나 태스크에 예약된 코루틴 리스트일 수 있다. 모든 태스크가
완료되면 asyncio.gather 메서드는 집계하고 결과를 반환한다. 대기 가능한 객체의 순
서에 따라 태스크를 실행한다.

기본적으로 return_exceptions의 값은 False이며, 이는 어떤 태스크가 예외를 반환하면 현재 실행 중인 다른 태스크는 중지되지 않고 계속 실행될 것임을 의미한다.

return_exception의 값이 True이면 성공적인 결과로 간주돼 결과 리스트에 집계될 것이다.

타임아웃

예외를 발생시키는 것 외에, 태스크가 완료되길 기다리는 동안 일종의 타임아웃timeout을 수행할 수도 있다.

asyncio에는 태스크 실행을 위한 타임아웃을 설정하는 데 사용할 수 있는 asyncio.wait_for(aws, timeout, *)라는 메서드가 있다. 타임아웃이 발생하면, 태스크가 취소되고 asyncio.TimeoutError 예외가 발생한다. 타임아웃 값은 None이나 float, 또는 int일 수 있다. 타임아웃이 None이면 Future 객체가 완료될 때까지 블록block된다.

예제 7-9는 비동기 타임아웃의 예를 보여준다.

예제 7-9 비동기 타임아웃

```
import asyncio

async def long_time_taking_method():
    await asyncio.sleep(4000)
    print("Completed the work")

async def main():
    try:
        await asyncio.wait_for(long_time_taking_method(),
        timeout=2)
    except asyncio.TimeoutError:
        print("Timeout occurred")

asyncio.run(main())

>> Timeout occurred
```

예제 7-9에서 `long_time_taking_method` 메서드는 약 4,000초가 걸린다. 하지만 Future 객체의 타임아웃을 2초로 설정했으므로, 결과가 유효하지 않은 경우 2초 후에 `asyncio.TimeoutError`로 이동한다.

노트 이번 절에서 살펴본 메서드는 asyncio 코드에서 가장 일반적이다. 그러나 asyncio 라이브러리에는 덜 일반적이거나 고급 시나리오를 위한 다른 라이브러리와 메서드가 있다. asyncio를 더 다루고 싶다면 파이썬 공식 문서를 살펴볼 수 있다.

비동기 제너레이터

비동기 제너레이터^{async generator}는 async 함수에서 yield를 사용할 수 있게 해준다. 따라서 yield를 포함하는 모든 async 함수를 비동기 제너레이터라고 할 수 있다. 비동기 제너레이터를 보유하는 아이디어는 동기 yield가 수행하는 작업을 복제하는 것이다. 단지 해당 함수를 async로 호출할 수 있다는 점만 다르다.

비동기 제너레이터는 동기 yield에 비해 제너레이터의 성능을 확실하게 향상시킨다. 파이썬 문서에 따르면, 비동기 제너레이터는 동기 제너레이터보다 2.3배 빠르다. 예제 7-10을 살펴보자.

예제 7-10 비동기 제너레이터

```
import asyncio

async def generator(limit):
    for item in range(limit):
        yield item
        await asyncio.sleep(1)

async def main():
    async for item in generator(10):
        print(item)
```

```
asyncio.run(main())
```

1초 사이에 1~9 항목을 출력한다. 이 예제는 비동기 코루틴 코드에서 비동기 제너레이터를 사용하는 방법을 보여준다.

비동기 컴프리헨션

파이썬 비동기 기능은 list, dict, tuple, set을 위한 컴프리헨션^{comprehension}을 가진 동기 코드와 유사한 비동기 컴프리헨션을 구현하는 기능을 제공한다. 즉, 비동기 컴프리헨션은 비동기 코드에서 컴프리헨션을 사용하는 것과 유사하다.

비동기 컴프리헨션을 활용하는 방법을 보여주는 예제 7-11을 살펴보자.

예제 7-11 비동기 컴프리헨션

```
import asyncio

async def gen_power_two(limit):
    item = 0
    while item < limit:
        yield 2 ** item
        item += 1
        await asyncio.sleep(1)

async def main(limit):
    gen = [item async for item in gen_power_two(limit)]
    return gen

print(asyncio.run(main(5)))
```

1에서 16까지의 숫자 리스트가 출력될 것이다. 그러나 모든 태스크가 완료된 다음 결과를 반환하므로, 결과를 보려면 5초 동안 기다려야 한다.

비동기 이터레이터

이터레이터의 한 형태인 asyncio.gather와 같은 이터레이터의 예제를 이미 살펴봤다.

예제 7–12에서는 asyncio.as_completed()를 사용한 이터레이터를 살펴보고 완료된 태스크를 얻는다.

예제 7–12 as_completed를 사용한 비동기 이터레이터

```python
import asyncio


async def is_odd(data):
    odd_even = []
    for item in data:
        odd_even.append((item, "Even") if item % 2 == 0 else (item, "Odd"))
    await asyncio.sleep(1)
    return odd_even


async def is_prime(data):
    primes = []
    for item in data:
        if item <= 1:
            primes.append((item, "Not Prime"))
        if item <= 3:
            primes.append((item, "Prime"))
        if item % 2 == 0 or item % 3 == 0:
            primes.append((item, "Not Prime"))
        factor = 5
        while factor * factor <= item:
            if item % factor == 0 or item % (factor + 2) == 0:
                primes.append((item, "Not Prime"))
            factor += 6
    await asyncio.sleep(1)
    return primes


async def main(data):
```

```
    odd_task = asyncio.create_task(is_odd(data))
    prime_task = asyncio.create_task(is_prime(data))
    for res in asyncio.as_completed((odd_task, prime_task)):
        compl = await res
        print(f"completed with data: {res} =>  {compl}")


asyncio.run(main([3, 5, 10, 23, 90]))
```

결과는 다음과 같다.

```
completed with data: <coroutine object as_completed.._wait_for_one at 0x10373dcc8>
=> [(3, 'Odd'), (5, 'Odd'), (10, 'Even'), (23, 'Odd'), (90, 'Even')]
completed with data: <coroutine object as_completed.._wait_for_one at 0x10373dd48>
=> [(3, 'Prime'), (3, 'Not Prime'), (10, 'Not Prime'), (90, 'Not Prime'), (90, 'Not
Prime')]
```

예제 7-12의 결과에서 볼 수 있듯이, 두 태스크가 동시에 실행 중이고 코루틴 모두에 전달된 리스트를 기반으로 소수prime와 홀수/짝수 상태를 얻는다.

예제 7-13처럼 asyncio.as_completed 대신 asyncio.gather를 써서 asyncio.gather 함수를 사용할 때 유사한 태스크를 생성할 수 있다.

예제 7-13 태스크의 이터레이터를 위한 asyncio.gather 사용

```
import asyncio

async def is_odd(data):
    odd_even = []
    for item in data:
        odd_even.append((item, "Even") if item % 2 == 0 else (item, "Odd"))
    await asyncio.sleep(1)
    return odd_even

async def is_prime(data):
    primes = []
```

```
    for item in data:
        if item <= 1:
            primes.append((item, "Not Prime"))
        if item <= 3:
            primes.append((item, "Prime"))
        if item % 2 == 0 or item % 3 == 0:
            primes.append((item, "Not Prime"))
        factor = 5
        while factor * factor <= item:
            if item % factor == 0 or item % (factor + 2) == 0:
                primes.append((item, "Not Prime"))
            factor += 6
    await asyncio.sleep(1)
    return primes

async def main(data):
    odd_task = asyncio.create_task(is_odd(data))
    prime_task = asyncio.create_task(is_prime(data))
    compl = await asyncio.gather(odd_task, prime_task)
    print(f"completed with data: {compl}")
    return compl

asyncio.run(main([3, 5, 10, 23, 90]))
```

결과는 다음과 같다.

```
completed with data: [[(3, 'Odd'), (5, 'Odd'), (10, 'Even'), (23, 'Odd'), (90,
'Even')], [(3, 'Prime'), (3, 'Not Prime'), (10, 'Not Prime'), (90, 'Not Prime'), (90,
'Not Prime')]]
```

asyncio.gather가 위와 같이 동작하므로 루프를 작성할 필요가 없다. 모든 결과 데이터를 수집해 호출자에게 다시 전송한다.

비동기 코드를 위한 서드 파티 라이브러리

asyncio 외에도 동일한 목표를 달성할 수 있는 몇 가지 서드 파티 라이브러리가 있다. 이러한 서드 파티 라이브러리의 대부분은 asyncio에서 봤던 일부 문제를 해결하려고 한다.

하지만 파이썬 asyncio 라이브러리의 지속적인 개선을 고려할 때, asyncio가 완전히 부족하다고 느껴지지 않으면 프로젝트에 asyncio를 사용하는 것이 좋다.

비동기 코드에 사용할 수 있는 서드 파티 라이브러리 중 일부를 살펴보자.

큐리오

큐리오^{Curio}는 파이썬 코루틴을 사용해 동시 I/O를 수행할 수 있는 서드 파티 라이브러리이며, 스레드와 프로세스 간의 상호 작용에 대한 고급화된 처리를 제공하는 태스크 모델을 기반으로 한다. 예제 7-14는 큐리오 라이브러리를 사용한 비동기 코드를 작성하는 간단한 예제를 보여준다.

예제 7-14 큐리오 예제

```
import curio

async def generate(limit):
    step = 0
    while step <= limit:
        await curio.sleep(1)
        step += 1

if __name__ == "__main__":
    curio.run(generate, 10)
```

비동기 방식으로 1~10 사이의 숫자를 생성할 것이다. 큐리오는 run()을 호출해 커널^{kernel}을 시작하고 async def와 같은 메서드를 사용해 태스크를 정의한다.

태스크는 큐리오 커널 내에서 실행해야 하며, 실행할 태스크가 없을 때까지 실행을 계속해야 한다.

큐리오를 사용하는 동안 기억해야 할 것은 태스크로 비동기 함수를 실행하며 모든 태스크는 큐리오 커널 내에서 실행해야 한다는 점이다.

실제로 여러 태스크를 실행하는 큐리오 라이브러리의 또 다른 예제를 살펴보자. 예제 7-15를 참조한다.

예제 7-15 큐리오 다중 태스크

```python
import curio

async def generate(limit):
    step = 0
    while step <= limit:
        await curio.sleep(1)
        step += 1

async def say_hello():
    print("Hello")
    await curio.sleep(1000)

async def main():
    hello_task = await curio.spawn(say_hello)
    await curio.sleep(3)

    gen_task = await curio.spawn(generate, 5)
    await gen_task.join()

    print("Welcome")
    await hello_task.join()
    print("Good by")

if __name__ == '__main__':
    curio.run(main)
```

이미 추측했겠지만, 태스크를 생성하고 참여하는 과정을 보여준다. 여기서 파악해야 할 두 가지 주요 개념이 있다.

spawn 메서드는 코루틴을 인자로 사용해 새로운 hello_task 태스크를 시작한다.

join 메서드는 커널로 반환하기 전에 태스크가 완료되길 기다린다.

큐리오가 파이썬에서 동시성concurrency을 구현하는 방법에 대한 아이디어를 제공하는데 도움이 됐길 바란다. 자세한 내용은 큐리오 공식 문서에서 확인할 수 있다.

트리오

트리오Trio는 큐리오와 같은 최신 오픈소스 라이브러리이며 파이썬에서 비동기 코드를 더 쉽게 작성할 수 있도록 돕는다. 트리오에서 주목할 만한 일부 특징은 다음과 같다.

- 확장성 메커니즘이 우수하다.
- 10,000개의 태스크를 동시에 실행할 수 있다.
- 트리오는 파이썬으로 작성됐으므로, 작동 방식을 이해하기 위해 후드hood에서 살펴보고 싶은 개발자에게 유용할 수 있다.
- 트리오 문서는 정말 훌륭하므로 빨리 시작하기가 쉽다. 특정 기능을 살펴보고 싶은 경우, 모든 것이 잘 문서화돼 있다.

트리오 비동기 코드를 이해하기 위해 간단한 트리오 예제를 살펴보자. 예제 7-16을 참조한다.

예제 7-16 간단한 트리오 비동기 코드

```
import trio

async def greeting():
    await trio.sleep(1)
    return "Welcome to Trio!"

trio.run(greeting)

>> Welcome to Trio!
```

보다시피 코드의 진행 상황을 이해하는 것은 정말 쉽다. 트리오는 run() 메서드를 사용해 비동기 함수를 실행함으로써 greeting 비동기 함수 실행을 시작한 다음, 1초 동안 실행을 일시 중단하고 결과를 반환한다.

트리오로 여러 태스크를 실행할 수 있는 좀 더 유용한 예제를 살펴보자. is_ood 비동기 함수와 is_prime 비동기 함수의 asyncio 버전인 예제 7-13을 트리오로 변환해 트리오 사용법을 더 잘 이해해본다. 예제 7-17을 보자.

예제 7-17 여러 태스크를 실행하는 트리오

```python
import trio

async def is_odd(data):
    odd_even = []
    for item in data:
        odd_even.append((item, "Even") if item % 2 == 0 else (item, "Odd"))
    await trio.sleep(1)
    return odd_even

async def is_prime(data):
    primes = []
    for item in data:
        if item <= 1:
            primes.append((item, "Not Prime"))
        if item <= 3:
            primes.append((item, "Prime"))
        if item % 2 == 0 or item % 3 == 0:
            primes.append((item, "Not Prime"))
        factor = 5
        while factor * factor <= item:
            if item % factor == 0 or item % (factor + 2) == 0:
                primes.append((item, "Not Prime"))
            factor += 6
    await trio.sleep(1)
    return primes
```

```
async def main(data):
    print("Calculation has started!")
    async with trio.open_nursery() as nursery:
        nursery.start_soon(is_odd, data)
        nursery.start_soon(is_prime, data)

trio.run(main, [3, 5, 10, 23, 90])
```

보다시피, is_prime 비동기 함수와 is_odd 비동기 함수는 여기서 asyncio와 비슷하게 작동하므로 크게 변경되지 않았다.

여기서 가장 큰 차이점은 main() 함수다. asyncio.as_completed를 호출하는 대신 nursery 객체를 가져오는 trio.open_nursery 메서드를 사용한다. nursery.start_soon 함수를 사용해 비동기 코루틴 실행을 시작한다.

nursery.start_soon이 비동기 함수 is_prime과 is_odd를 래핑하면, 이 두 태스크는 백그라운드에서 실행되기 시작한다.

async with 구문의 마지막 블록은 main() 함수가 모든 코루틴이 완료될 때까지 멈추고 대기하도록 한다. 그런 다음 nursery에서 나온다.

예제 7-17의 예를 실행하면, is_prime과 is_odd 함수가 동시에 실행되는 asyncio 예제처럼 실행되는 것을 알 수 있다.

노트 큐리오와 트리오는 이 책을 저술할 당시 비동기 코드를 작성하는 데 유용한 라이브러리이며, asyncio 를 잘 이해하면 서드 파티 라이브러리로 빠르게 이동할 수 있다. 대부분의 라이브러리 아래에서 일부 파이 썬 비동기 기능을 사용하므로 서드 파티 라이브러리를 선택하기 전에 asyncio를 잘 이해하는 것이 좋다.

파이썬 타이핑

파이썬은 동적 언어이기 때문에 일반적으로 파이썬 코드를 작성하는 동안 타입을 정의할 필요가 없다. 자바나 닷넷.NET과 같은 언어를 사용하는 경우에는 코드를 컴파일하기 전에도 타입을 알고 있어야 하며, 그렇지 않으면 오류가 발생한다.

큰 코드 베이스를 디버깅하고 읽는 동안 데이터 타입은 도움이 된다. 그러나 파이썬과 루비 같은 언어는 데이터 타입에 신경 쓰지 않고 비즈니스 로직에 집중할 수 있는 유연성과 자유를 제공한다.

일부 개발자들은 타입을 좋아하고 일부 개발자들은 타입을 좋아하지 않는 동적 언어 세계에서 타입은 흥미로운 주제 중 하나다.

파이썬은 typing 모듈 형태로 타입을 사용할 수 있으므로 프로젝트에서 여러분에게 적합한지 알아보고 시도해보는 것이 좋다. 코드를 작성할 때, 특히 코드를 디버깅하고 문서화할 때 유용하다.

파이썬 타입

파이썬 3부터는 코드에서 타입을 사용할 수 있다. 하지만 파이썬에서 타입은 선택 사항이며, 코드를 실행할 때는 타입을 확인하지 않는다.

잘못된 타입을 정의하더라도 파이썬은 타입을 확인하지 않는다. 올바른 타입을 작성하고 있는지 확인하려면, 올바른 타입이 없는 경우를 확인하는 mypy와 같은 도구를 사용하는 것이 좋다.

이제 파이썬은 : <data_types>를 추가해 코드에 타입을 추가할 수 있다. 예제 7-18을 참조한다.

```
def is_key_present(data: dict, key: str) -> bool:
    if key in data:
        return True
    else:
        return False
```

여기서 딕셔너리와 키를 전달해 딕셔너리에서 키를 찾고 있다. 이 함수는 또한 데이터로 전달된 매개변수 타입을 data: dict와 key: str로 정의하고 -> bool로 타입을 반환한다. 대부분 파이썬으로 타입을 작성하기 위해 해야 할 일이다.

파이썬은 이 구문을 이해하고 확인 없이 올바른 타입을 작성했다고 가정한다. 그러나 개발자에게 어떤 타입이 함수에 전달되는지에 대한 아이디어를 제공한다.

다른 모듈이나 라이브러리를 사용하지 않고 파이썬에서 기본적으로 사용 가능한 모든 데이터 타입을 사용할 수 있다. 파이썬은 다른 모듈 없이 list, dict, int, str, set, tuple 등과 같은 타입을 지원한다. 그러나 다음 절과 같이 더 고급화된 타입이 필요한 경우가 있을 수 있다.

typing 모듈

더 고급화된 사용을 위해, 파이썬은 더 많은 타입을 제공하는 typing이라는 모듈을 도입해 코드 베이스에 추가할 수 있다. 구문과 타입에 익숙해지려면 초기에 다소 노력이 필요할 수 있지만, 일단 모듈을 이해하면 코드가 더 명확하고 읽기 쉽다고 느낄 수 있다.

다뤄야 할 내용이 많으므로 바로 살펴보자. typing 모듈은 Any, Union, Tuple, Callable, TypeVar, Generic 등과 같은 기본 타입을 제공한다. 이러한 타입 중 일부를 간략하게 살펴보면서 해당 타입에 대한 아이디어를 얻자.

Union

어떤 타입이 함수에 전달될지 미리 알지 못하지만 함수가 제한된 타입 집합에서 한 가지 타입을 가져올 것으로 예상되는 경우, Union을 사용할 수 있다. 다음은 그와 관련된 예제다.

```python
from typing import Union

def find_user(user_id: Union[str, int]) -> None:
    if isinstance(user_id, int):
        user_id = str(user_id)
    find_user_by_id(user_id)
    ...
```

여기서 user_id는 str이나 int일 수 있으므로 Union을 사용해 함수가 user_id를 str이나 int로 예상하는지 확인할 수 있다.

Any

이것은 특별한 종류의 타입이며, 다른 모든 타입은 Any와 일치한다. Any에는 모든 값과 모든 메서드가 있다. 특정 함수가 런타임에 어떤 타입을 허용하는지 모르는 경우이 타입을 사용하는 것을 고려할 수 있다.

```python
from typing import Any

def stream_data(sanitize: bool, data: Any) -> None:
    if sanitize:
        ...
    send_to_pipeline_for_processing(data)
```

Tuple

이름에서 추측할 수 있듯이 이것은 튜플 타입이다. 유일한 차이점은 튜플에 포함된 타입을 정의할 수 있다는 것이다.

```python
from typing import Tuple

def check_fraud_users(users_id: Tuple[int]) -> None:
    for user_id in users_id:
        try:
            check_fraud_by_id(user_id)
        except FraudException as error:
            ...
```

TypeVar와 Generic

고유한 타입을 정의하거나 특정 타입의 이름을 바꾸려면 typing의 TypeVar를 사용해야 할 수 있다. 이것은 코드를 더 읽기 쉽게 만들고 사용자 정의 클래스의 타입을 정의하는 데 유용하다.

이것은 typing의 더 진보된 개념이다. 대부분의 경우, typing 모듈이 사용하기에 충분한 타입을 제공한다는 사실을 알게 될 것이므로 필요하지 않을 수도 있다.

```python
from typing import TypeVar, Generic

Employee = TypeVar("Employee")
Salary = TypeVar

def get_employee_payment(emp: Generic[Employee]) -> :
    ...
```

Optional

정의된 타입 대신 None 타입이 값으로 전달될 것으로 의심되는 경우 Optional을 사용할 수 있다. 따라서 Union[str, None]으로 작성하는 대신 Optional[str]로 작성할 수 있다.

```
from typing import Optional

def get_user_info_by_id(user_id: Optional[int]) -> Optional[dict]:
    if user_id:
        get_data = query_to_db_with_user_id(user_id)
        return get_data
    else:
        return None
```

이는 파이썬에서 typing 모듈을 도입하는 것을 보여준다. typing 모듈에는 기존 코드 베이스에서 사용할 수 있는 여러 타입이 많다. 자세한 내용은 파이썬 공식 문서(https://docs.python.org/3/library/typing.html)를 참조한다.

데이터 타입이 코드를 느리게 하는가?

일반적으로 typing 모듈이나 타입을 사용하더라도 코드 성능에는 영향을 미치지 않는다. 그러나 typing 모듈은 typing.get_type_hints라는 메서드를 제공해 객체의 타입 힌트를 반환하며, 서드 파티 도구에서 객체 타입을 확인하는 데 사용할 수 있다. 파이썬은 런타임에 타입 검사를 하지 않으므로 코드에 전혀 영향을 미치지 않는다.

파이썬 PEP 484[1]:

제안된 typing 모듈에는 런타임 타입 검사, 특히 get_type_hints() 함수와 같은 일부 블록이 포함돼 있지만, 데코레이터나 메타클래스를 사용하는 등 특정 런타임 타입 검사 기능을 구현하려면 서드 파티 패키지를 개발해야 한다. 성능 최적화를 위해 타입 힌트를 사용하는 것은 여러분을 위한 연습 과제로 남겨둔다.

---

1   https://www.python.org/dev/peps/pep-0484/

타이핑으로 더 나은 코드를 작성하는 방법

타이핑은 정적 코드 분석을 수행해 코드를 프로덕션으로 보내기 전에 타입 오류를 포착하고 명백한 버그를 예방할 수 있다.

소프트웨어 수명주기의 일부로 도구 상자toolbox에 추가할 수 있는 mypy와 같은 도구가 있다. mypy는 코드 베이스를 부분적으로나 완전히 실행해 올바른 타입을 확인할 수 있다. mypy는 또한 함수에서 값이 반환될 때 None 타입 확인과 같은 버그를 감지하는 데 도움이 된다.

타이핑은 코드가 더 명확해지도록 한다. 독스트링에서 타입을 지정하는 주석을 사용해 코드를 문서화하는 대신 성능상의 부담 없이 타입을 사용할 수 있다.

파이참PyCharm이나 비주얼 스튜디오 코드Visual Studio Code(VSCode)와 같은 IDE를 사용하는 경우 typing 모듈은 코드 완성에도 도움이 된다. 알다시피, 대규모 프로젝트를 장기간 유지하기 위해서는 초기 오류 감지와 명확한 코드가 중요하다.

타이핑의 단점

파이썬의 typing 모듈을 사용하는 동안 알고 있어야 할 단점이 있다.

- **잘 문서화되지 않았다.** 타입 어노테이션type annotation은 잘 문서화돼 있지 않다. 따라서 사용자 정의 클래스나 고급 데이터 구조를 작성하는 경우 올바른 타입을 작성하는 방법을 이해하기가 쉽지 않을 것이며, typing 모듈로 시작할 때 어렵게 느껴질 수 있다.
- **타입이 엄격하지 않다.** 타입 힌트가 엄격하지 않기 때문에 변수가 어노테이션이 주장하는 타입임을 보장할 수 없다. 이 경우 코드 품질이 향상되지 않는다. 따라서 올바른 타입을 작성하는 것은 개별 개발자의 몫이다. mypy는 타입을 확인하는 솔루션일 수 있다.
- **서드 파티 라이브러리는 지원되지 않는다.** 서드 파티 라이브러리를 사용할 때, 데이

터 구조나 클래스와 같이 특정한 서드 파티 도구의 올바른 타입을 모르는 경우가 많을 수 있으므로 머리가 아플 수 있다. 이 경우에는 아무거나 사용해도 된다. mypy는 확인을 위한 모든 서드 파티 라이브러리도 지원하지 않는다.

노트   typing 모듈은 확실히 올바른 방향으로 가는 하나의 좋은 단계지만, typing 모듈은 많은 개선이 필요할 수 있다. 하지만 올바른 방법으로 typing을 사용하면 미묘한 버그와 타입 오류를 찾는 데 도움이 된다. mypy와 같은 도구와 함께 타입을 사용하면 코드를 더 명확하게 만드는 데 도움이 된다.

---

super() 메서드

super() 메서드 구문은 사용하기 쉽고 읽기도 쉽다. 다음과 같이 선언해 상속을 위해 super() 메서드를 사용할 수 있다.

```
class PaidStudent(Student):
    def __int__(self):
        super().__init__(self)
```

타입 힌트

앞에서 언급했듯이 파이썬은 코드에 타입 힌트를 제공하는 **typing**이라는 새로운 모듈을 제공한다.

```
import typing

def subscribed_users(limit_of_users: int) -> dict[str, int]:
    ...
```

pathlib를 사용한 경로 처리 효율화

pathlib는 파일을 읽고, 경로를 결합하고, 디렉터리 트리^{directory tree}와 기타 기능을 표시하는 데 도움이 되는 파이썬의 새로운 모듈이다.

pathlib를 사용하면, 적절한 Path 객체로 파일 경로를 나타낸 후 해당 Path 객체로 다른 작업을 수행할 수 있다. 마지막으로 수정된 파일을 찾고, 고유한 파일 이름을 생성하고, 디렉터리 트리를 표시하고, 파일을 카운트하고, 파일을 이동하거나 삭제하고, 파일의 특정 구성 요소를 가져오고, 경로를 생성하는 기능이 있다.

여기서 보듯이, resolve() 메서드가 파일의 전체 경로를 찾는 예제를 살펴보자.

```
import pathlib

path = pathlib.Path("error.txt")
path.resolve()
>>> PosixPath("/home/python/error.txt")

path.resolve().parent == pathlib.Path.cwd()
>>> False
```

함수 print()

현재 print()는 함수이며, 이전 버전에서는 구문이었다.

- **이전**: print "Sum of two numbers is", 2 + 2
- **현재**: print("Sum of two number is", (2+2))

f-string

파이썬은 문자열을 작성하는 새롭고 개선된 방법인 f-string을 도입했다. 이것은 % format과 format 메서드처럼 이전 버전에 비해 코드를 훨씬 더 읽기 쉽게 만든다.

```
user_id = "skpl"
amount = 50
print(f"{user_id} has paid amount: ${amount}")
>>> skpl has paid amount: $50
```

f-string을 사용해야 하는 또 다른 이유는 이전 버전보다 빠르기 때문이다.

> PEP 498[2]:
>
> f-string은 최소한의 구문을 사용해 문자열 리터럴 안에 표현식을 포함시키는 방법을 제공한다. 실제로 상수 값이 아니라 런타임에 평가되는 표현식이다. 파이썬 소스 코드에서 f-string은 리터럴 문자열이며, 브레이스brace 안에 표현식이 포함된 f로 시작한다. 표현식은 해당 값으로 바뀐다.

키워드 전용 인자

이제 파이썬을 사용하면 *를 함수 매개변수로 사용해 키워드 전용 인자를 정의할 수 있다.

```
def create_report(user, *, file_type, location):
    ...

create_report("skpl", file_type="txt", location="/user/skpl")
```

---

2   https://www.python.org/dev/peps/pep-0498/

이제 create_report를 호출할 때는 * 다음에 키워드 인자를 제공해야 한다. 또한 다른 개발자가 함수를 호출하기 위해 위치 인자를 사용하도록 강요할 수 있다.

딕셔너리 순서 유지

이제 딕셔너리는 삽입 순서를 유지한다. 이전에는 이를 위해 OrderDict를 사용해야 했지만, 이제 기본 딕셔너리에서 이를 수행할 수 있다.

```
population_raking = {}
population_raking["China"] = 1
population_raking["India"] = 2
population_raking["USA"] = 3
print(f"{population_raking}")
{'China': 1, 'India': 2, 'USA': 3}
```

이터레이터 해제

이제 파이썬은 반복적으로 해제할 수 있는 유연성을 제공한다. 변수를 반복적으로 해제할 수 있는 멋진 기능이다.

```
*a, = [1] # a = [1]
(a, b), *c = 'PC', 5, 6 # a = "P", b = "C", c = [5, 6]
*a, = range(10)
```

파이썬의 더 많은 새로운 기능은 공식 파이썬 문서에서 확인할 수 있다.

요약

7장에서는 asyncio와 typing 같은 새로운 주요 기능과 pathlib와 딕셔너리 순서 같은 사소한 기능을 다뤘다. 하지만 파이썬 버전 3에는 다른 새롭고 흥미로운 기능도 많이 있다.

모든 개선 사항은 파이썬 문서를 확인하는 것이 좋다. 파이썬은 정말 쉽게 탐색할 수 있고 라이브러리, 키워드, 모듈을 이해하는 데 도움이 되는 훌륭한 문서를 제공한다. 7장의 내용이 기존 코드 베이스나 새 프로젝트에서 이러한 기능을 시도할 수 있는 충분한 동기를 부여했길 바란다.

8장

파이썬 코드의 디버깅과 테스트

프로덕션 코드를 작성하는 경우, 특히 코드에 유용한 로깅 기능과 테스트 사례가 있는 것이 중요하다. 따라서 모든 오류를 추적하고 발생하는 모든 문제를 해결할 수 있는지 확인해보자. 8장의 파이썬 코드에서 디버깅하고 테스트하기 위한 다양한 내장 라이브러리를 살펴본다.

노트 다른 프로그래밍 언어와 마찬가지로 파이썬에는 코드에 로그와 테스트를 추가할 수 있는 많은 도구가 있다. 프로덕션의 비용을 줄일 수 있는 소프트웨어가 실행 중인 전문적인 환경에서 이러한 도구를 잘 이해하는 것이 중요하다. 프로덕션 코드의 오류나 버그로 인해 비용을 낭비하는 것은 회사 또는 제품에 치명적일 수 있다. 따라서 코드를 프로덕션으로 넘기기 전에 로깅과 테스트를 수행해야 한다. 또한 수백만 명의 사용자가 실제로 소프트웨어를 사용할 때 어떤 상황이 발생할지 알 수 있도록 메트릭(metric)과 성능 측정 도구를 갖추는 것도 도움이 된다.

디버깅

디버깅은 개발자에게 가장 중요한 기술 중 하나다. 대부분의 개발자는 디버깅을 배우기 위해 충분한 노력을 기울이지 않으며, 필요한 경우에는 보통 다른 것을 시도한다. 디버깅은 개발 프로세스를 모두 마친 후에 수행돼서는 안 된다(코드의 실제 문제에 대한 어떤 결론을 내리기 전에 다른 가설을 배제하는 기술이다). 지금부터는 파이썬 코드를 디버깅하는 기술과 도구를 살펴본다.

디버깅 도구

이번 절에서는 pdb, ipdb, pudb를 살펴본다.

pdb

pdb는 파이썬 코드를 디버깅하는 데 가장 유용한 명령줄^{command line} 도구 중 하나다. pdb는 스택 정보와 매개변수 정보를 제공하고 pdb 디버거 내의 코드 명령으로 이동한다. 파이썬 코드에서 디버거를 설정하기 위해 다음과 같이 작성할 수 있다.

```
import pdb
pdb.set_trace()
```

pdb 디버거가 사용 가능한 라인에 제어가 도달하면, pdb 명령줄 옵션을 사용해 코드를 디버깅할 수 있다. pdb는 다음 명령을 제공한다.

- h: 도움말 명령
- w: 스택 트레이스^{stack trace} 출력
- d: 현재 프레임 카운트를 아래로 이동
- u: 현재 프레임 카운트를 위로 이동
- s: 현재 라인 실행

- n: 다음 라인까지 계속 실행
- unt [라인 번호]: 라인 번호까지 계속 실행
- r: 현재 함수가 반환될 때까지 계속 실행

pdb에는 다른 명령줄 옵션이 있다. https://docs.python.org/3/library/pdb.html에서 모든 것을 확인할 수 있다.

ipdb

pdb와 유사하게 ipdb는 디버거 명령줄 도구다. IPython의 ipdb를 사용할 수 있다는 추가 이점으로 pdb와 동일한 기능을 제공한다. 다음과 같이 ipdb 디버거를 추가할 수 있다.

```
import ipdb
ipdb.set_trace()
```

설치되면 ipdb에서 사용 가능한 모든 명령을 확인할 수 있다. 다음과 같이 대부분 pdb와 유사하다.

```
ipdb> ?

Documented commands (type help <topic>):
========================================
EOF    bt         cont     enable  jump  pdef    psource  run      unt
a      c          continue exit    l     pdoc    q        s        until
alias  cl         d        h       list  pfile   quit     step     up
args   clear      debug    help    n     pinfo   r        tbreak   w
b      commands   disable  ignore  next  pinfo2  restart  u        whatis
break  condition  down     j       p     pp      return   unalias  where

Miscellaneous help topics:
==========================
```

```
exec    pdb

Undocumented commands:
======================
retval rv
```

ipdb에 대한 자세한 정보는 https://pypi.org/project/ipdb/에서 확인할 수 있다.

다음과 같이 ipdb에는 pdb와 동일한 명령줄 옵션이 있다.

- h: 도움말 명령
- w: 스택 트레이스 출력
- d: 현재 프레임 카운트를 아래로 이동
- u: 현재 프레임 카운트를 위로 이동
- s: 현재 라인 실행
- n: 다음 라인까지 계속 실행
- unt [라인 번호]: 라인 번호까지 계속 실행
- r: 현재 함수가 반환될 때까지 계속 실행

pudb

pudb는 pdb와 ipdb보다 더 많은 기능을 가진 풍부한 디버깅 도구이며, 콘솔을 기반으로 하는 시각적 디버거다. pdb나 ipdb와 같은 명령줄로 이동하는 대신에 코드를 작성할 때 코드를 디버깅할 수 있다. GUI 디버거처럼 보이지만, 콘솔에서 실행되므로 GUI 디버거에 비해 가볍게 만들어졌다.

다음 라인을 추가해 코드에 디버거를 추가할 수 있다.

```
import pudb
pudb.set_trace()
```

pudb는 좋은 문서를 제공한다. https://documen.tician.de/pudb/starting.html에서 pudb와 모든 기능에 대한 자세한 정보를 확인할 수 있다.

pudb 디버깅 인터페이스에 있는 경우 다음 키를 사용할 수 있다.

- n: 다음 명령 실행
- s: 함수의 다음 단계
- c: 계속 실행
- b: 현재 라인 브레이크포인트breakpoint 설정
- e: 넘겨진 예외의 트레이스백 표시
- q: 실행 중인 프로그램의 종료나 재시작을 위한 대화상자 오픈
- o: 원래 콘솔/표준 출력 화면 표시
- m: 다른 파일 모듈 오픈
- L: 라인 이동
- !: 화면 하단의 파이썬 명령줄 하위 창으로 이동
- ?: 전체 단축키 명령 리스트가 포함된 도움말 대화상자 표시
- <SHIFT + V>: 컨텍스트를 화면 오른쪽의 변수 하위 창으로 전환
- <SHIFT + B>: 컨텍스트를 화면 오른쪽의 브레이크포인트 하위 창으로 전환
- <CTRL + X>: 코드 라인과 파이썬 명령줄 간의 컨텍스트 토글

예를 들어, pudb 화면에서 b를 누르면 c 바로가기로 진행 후 실행이 중지되는 해당 라인에 브레이크포인트가 설정될 것이다. 하나의 유용한 옵션은 브레이크포인트가 적용되는 변수 조건을 설정하는 것이다. 조건이 충족되면, 해당 시점에서 제어가 중지될 것이다.

다음과 같이 ~/.config/pudb/pudb.cfg와 같은 파일을 생성해 pudb를 구성할 수도 있다.

```
[pudb]
breakpoints_weight = 0.5
current_stack_frame = top
custom_stringifier =
custom_theme =
display = auto
line_numbers = True
prompt_on_quit = True
seen_welcome = e027
shell = internal
sidebar_width = 0.75
stack_weight = 0.5
stringifier = str
theme = classic
variables_weight = 1.5
wrap_variables = True
```

breakpoint

breakpoint는 파이썬 3.7에서 도입된 새로운 키워드이며 코드를 디버깅하는 기능을
제공한다. 앞서 살펴본 다른 명령줄 도구와 breakpoint는 유사하다. 다음과 같이 코드
를 작성할 수 있다.

```
x = 10
breakpoint()
y = 20
```

breakpoint() 함수가 호출될 메서드를 디버거에 제공하기 위해 PYTHONBREAKPOINT 환경
변수를 사용해 breakpoint를 구성할 수도 있다. 이는 코드를 변경하지 않고 디버거 모
듈을 쉽게 변경할 수 있기 때문에 유용하다. 예를 들어, 디버깅을 사용하지 않으려면
PYTHONBREAKPOINT=0으로 사용할 수 있다.

프로덕션 코드 출력 대신 logging 모듈 사용

이미 언급했듯이 로깅은 모든 소프트웨어 제품에서 중요한 부분이며, 파이썬에는 logging이라는 라이브러리가 있다. 로깅은 코드의 흐름을 이해하는 데도 도움이 된다. 로깅이 사용 가능하다면, 스택 트레이스를 제공해 오류가 발생한 위치를 알 수 있다. 다음과 같이 라이브러리를 임포트해 logging 라이브러리를 사용할 수 있다.

```
import logging
logging.getLogger(__name__).addHandler(logging.NullHandler())
```

logging 라이브러리는 이벤트의 심각도를 나타내는 다섯 가지 표준 레벨을 갖고 있다. 표 8-1을 참조한다.

표 8-1 로깅 표준 레벨

레벨	숫자 값
CRITICAL	50
ERROR	40
WARNING	30
INFO	20
DEBUG	10
NOTSET	0

따라서 예제 8-1과 같이 작성할 수 있다.

예제 8-1 로깅 구성

```
import logging
from logging.config import dictConfig

logging_config = dict(
    version=1,
```

```
    formatters={"f": {"format": "%(asctime)s %(name)-12s %(levelname)-8s %(message)
s"}},
    handlers={
        "h": {
            "class": "logging.StreamHandler",
            "formatter": "f",
            "level": logging.DEBUG,
        }
    },
    root={"handlers": ["h"], "level": logging.DEBUG},
)

dictConfig(logging_config)

logger = logging.getLogger()
logger.debug("This is debug logging")
```

로그의 전체 스택 트레이스를 캡처하려 한다고 가정하자. 예제 8-2처럼 할 수 있다.

예제 8-2 스택 트레이스 로깅

```
import logging

a = 90
b = 0

try:
    c = a / b
except Exception as e:
    logging.error("Exception ", exc_info=True)
```

로깅 클래스와 함수

logging 모듈에는 나만의 로깅 클래스를 정의하고 특정 요구와 프로젝트의 로깅을 구성하는 데 사용할 수 있는 많은 클래스와 함수가 있다.

logging 모듈에서 정의된 가장 일반적으로 사용되는 클래스는 다음과 같다.

- Logger: logging 모듈의 일부이며 logger 객체를 얻기 위해 애플리케이션에서 직접 호출된다. 다음과 같은 여러 메서드를 가진다.
  - setLevel: 로깅 레벨을 설정한다. 로거가 생성되면 NOSET으로 설정된다.
  - isEnableFor: 이 메서드는 logging.disable(level)에 의해 설정된 로깅 레벨을 확인한다.
  - debug: 로거의 DEBUG 레벨로 메시지를 로깅한다.
  - info: 로거의 INFO로 메시지를 로깅한다.
  - warning: 로거의 WARNING으로 메시지를 로깅한다.
  - error: 로거의 ERROR 레벨로 메시지를 로깅한다.
  - critical: 로거의 CRITICAL 레벨로 메시지를 로깅한다.
  - log: 로거의 정수^{integer} 레벨로 메시지를 로깅한다.
  - exception: 로거의 ERROR 레벨로 메시지를 로깅한다.
  - addHandler: 로거에 특정 핸들러를 추가한다.
- Handler: Handler는 StreamHandler, FileHandler, SMTPHandler, HTTPHandler 등과 같은 기타 유용한 핸들러 클래스의 기본 클래스다. 이 서브클래스들은 sys.stdout이나 디스크 파일과 같은 것을 대상으로 로깅 출력을 전송한다.
  - createLock: 기본 I/O 기능을 위한 액세스를 직렬화하는 데 사용할 수 있는 스레드 잠금을 초기화한다.
  - setLevel: 핸들러를 레벨로 설정한다.
  - flush: 로깅 출력이 플러시^{flush}되도록 한다.
  - close: Handler의 서브클래스는 재정의된 close() 메서드에서 호출되도록 한다.
  - format: 출력 로깅의 형식을 정의한다.
  - emit: 실제로 특정 로깅 메시지를 로깅한다.

- Formatter: 출력에 포함되는 속성을 나열하는 문자열 형식을 지정해 출력 형식을 지정한다.
  - format: 문자열을 형식화한다.
  - formatTime: 시간을 형식화한다. time.strftime()과 함께 사용해 레코드 생성 시간을 형식화한다. 기본값은 '%Y-%m-%d %H:%M:%S, uuu'이고, uuu는 밀리초다.
  - formatException: 특정 예외 정보를 형식화한다.
  - formatStack: 문자열의 스택 정보를 형식화한다.

예제 8-3에서 보듯이 실행 중인 애플리케이션의 로깅을 구성할 수도 있다.

예제 8-3 로깅 구성 파일

```
[loggers]
keys=root,sampleLogger

[handlers]
keys=consoleHandler

[formatters]
keys=sampleFormatter

[logger_root]
level=DEBUG
handlers=consoleHandler

[logger_sampleLogger]
level=DEBUG
handlers=consoleHandler
qualname=sampleLogger
propagate=0

[handler_consoleHandler]
class=StreamHandler
level=DEBUG
```

```
formatter=sampleFormatter
args=(sys.stdout,)

[formatter_sampleFormatter]
format=%(asctime)s - %(name)s - %(levelname)s - %(message)s
```

이제 예제 8-4처럼 이 구성 파일을 사용할 수 있다.

예제 8-4 로깅 구성 사용

```python
import logging
import logging.config

logging.config.fileConfig(fname='logging.conf', disable_existing_loggers=False)

# 파일의 지정된 로거를 얻는다
logger = logging.getLogger(__name__)

logger.debug('Debug logging message')
```

예제 8-5에 표시된 YAML 파일과 동일한 구성이다.

예제 8-5 YAML 로깅 구성

```yaml
version: 1
formatters:
  simple:
    format: '%(asctime)s - %(name)s - %(levelname)s - %(message)s'
handlers:
  console:
    class: logging.StreamHandler
    level: DEBUG
    formatter: simple
    stream: ext://sys.stdout
loggers:
  sampleLogger:
    level: DEBUG
    handlers: [console]
```

```
    propagate: no
root:
  level: DEBUG
handlers: [console]
```

예제 8-6과 같이 이 파일을 읽을 수 있다.

로깅 구성 YAML 파일 사용

```python
import logging
import logging.config
import yaml

with open('logging.yaml', 'r') as f:
    config = yaml.safe_load(f.read())
    logging.config.dictConfig(config)

logger = logging.getLogger(__name__)

logger.debug('Debug logging message')
```

로깅에 대한 자세한 정보는 https://docs.python.org/3/library/logging.html에서 확인할 수 있다.

병목 현상 식별을 위한 메트릭 라이브러리 사용

프로덕션 코드에서 메트릭의 가치를 이해하지 못하는 개발자가 많다. 메트릭은 코드 특정 부분의 오류 개수나 서드 파티 API의 응답 시간처럼 코드에서 다양한 데이터 포인트를 수집한다. 메트릭은 웹 애플리케이션에서 현재 로그인한 사용자 수와 같은 특정 데이터 요소를 수집하도록 정의될 수도 있다.

메트릭은 일반적으로 시스템 오버타임을 모니터링하기 위해 요청당, 초당, 분당 한 번씩이나 정기적 간격으로 수집된다.

뉴 렐릭New Relic, 데이터독Datadog 등과 같은 프로덕션 코드의 수집 메트릭에 대한 많은 서드 파티 애플리케이션이 있다. 수집할 수 있는 다양한 종류의 메트릭이 있으며, 성능 메트릭performance metric이나 리소스 메트릭resource metric으로 분류할 수 있다. 성능 메트릭은 다음과 같다.

- **Throughput**: 시스템이 단위 시간당 수행하는 작업량이다.
- **Error**: 단위 시간당 오류 결과의 수나 오류의 비율이다.
- **Performance**: 작업 단위를 완료하는 데 필요한 시간을 나타낸다.

이러한 포인트 외에도 애플리케이션의 성능을 수집하는 데 사용할 수 있는 몇 가지 데이터 포인트가 있다. 또한 성능 메트릭 외에, 이와 같은 리소스 메트릭을 얻는 데 사용할 수 있는 리소스 메트릭과 같은 메트릭도 있다.

- **Utilization**: 리소스가 사용 중인 시간의 백분율이다.
- **Availability**: 리소스가 요청에 응답한 시간이다.

메트릭을 사용하기 전에 애플리케이션을 추적하는 데 사용할 데이터 포인트의 종류를 고려한다. 메트릭을 사용하면 애플리케이션에 대한 확신이 높아지고 애플리케이션 성능을 측정할 수 있다.

IPython이 도움이 되는 방법

IPython은 파이썬의 REPL 도구다. IPython은 명령줄에서 코드를 실행하고 많은 구성 없이 코드를 테스트할 수 있다. IPython은 정말 지능적이고 성숙한 REPL이다. 탭 완성과 같은 많은 기능과 `%timeit`, `%run` 등과 같은 마법 함수가 있다. IPython 내의 히스토리를 가져와서 코드를 디버깅할 수도 있다. 또한 `ipdb`와 같이 IPython에서 명시적으로 작동하는 디버깅 도구가 있다.

IPython의 주요 기능은 다음과 같다.

- 포괄적인 객체 검사

- 세션에 걸쳐 지속되는 입력 기록

- 자동 생성된 참조를 가진 세션 중 출력 결과 캐싱

- 파이썬 변수, 키워드, 파일 이름, 함수 키워드를 완료하기 위해 기본적으로 지원되는 확장 가능한 탭 완성

- 환경을 제어하고 IPython이나 운영체제와 관련된 많은 태스크를 수행하기 위한 확장 가능한 '마법' 명령 시스템

- 다양한 설정 간에 쉽게 전환할 수 있는 풍부한 구성 시스템(매번 $PYTHONSTARTUP 환경 변수를 변경하는 것보다 간단함)

- 세션 로깅 및 리로딩

- 특수한 목적을 지닌 상황을 위한 확장 가능한 구문 처리

- 사용자가 확장 가능한 별칭 시스템user-extensible alias system으로 시스템 셸 액세스

- 다른 파이썬 프로그램과 GUI에 쉽게 임베딩 가능

- pdb 디버거와 파이썬 프로파일러에 대한 통합 액세스

명령줄 인터페이스는 이전에 나열된 기능을 상속하고 다음을 추가한다.

- prompt_toolkit 덕분에 실제 여러 라인 편집

- 타입으로 구문 강조

- 더 나은 작업 흐름을 위한 명령줄 편집기와의 통합

호환되는 프론트 엔드front end와 함께 사용될 때 커널은 다음을 허용한다.

- HTML, 이미지, LaTEX, 사운드, 비디오 등으로 구성된 풍부한 디스플레이를 생성하는 객체

- ipywidgets 패키지를 사용하는 대화식 위젯widget

다음과 같이 IPython을 설치할 수 있다.

```
pip install ipython
```

IPython은 시작하기 정말 쉽다. ipython 명령을 입력하면 다음과 같이 ipython 명령 셸에 위치할 것이다.

> Python 3.7.0
>
> Type 'copyright', 'credits' or 'license' for more information
>
> IPython 6.4.0 -- An enhanced Interactive Python. Type '?' for help.
>
> In [1]:

이제 다음과 같은 ipython 명령을 사용할 수 있다.

```
In [1]: print("hello ipython")
```

IPython에 대한 자세한 정보는 https://ipython.readthedocs.io/en/stable/interactive/index.html에서 확인할 수 있다.

테스팅

모든 소프트웨어 애플리케이션의 경우, 테스트 코드를 갖는 것은 애플리케이션 코드를 갖는 것만큼 중요하다. 테스팅testing을 하면 버그가 있는 코드를 배포하지 않았는지 확인할 수 있다. 파이썬에는 다양한 종류의 테스트를 좀 더 쉽게 작성할 수 있는 유용한 라이브러리가 많다.

테스팅이 중요한 이유

테스팅은 실제 코드만큼 중요하며, 테스팅으로 배포 코드가 예상대로 작동하는지 확인할 수 있다. 애플리케이션 코드의 첫 번째 라인을 작성하자마자 테스팅 코드 작성을 시작해야 한다. 테스팅은 사후에 검토돼서는 안 되며 단지 테스트를 위해서만 수행돼서도 안 된다. 테스팅은 모든 코드가 예상된 동작을 하는지 확인해야 한다.

소프트웨어 개발 수명주기에서 가능한 한 빨리 테스트 작성을 고려해야 하는 몇 가지 이유가 있다.

- 올바른 것을 구축하려면, 코드 작성을 시작하자마자 소프트웨어 수명주기상의 테스트를 하는 것이 중요하다. 예상되는 동작을 검사할 테스트가 없다면 올바른 길을 가고 있는지 확인하기가 어렵다.
- 주요 변경 사항을 조기에 감지하려고 한다. 코드의 한 부분을 변경하면 코드의 다른 부분이 손상될 가능성이 높다. 프로덕션으로 이동한 후가 아니라 사전에 코드 변경을 감지하길 원한다.
- 테스팅은 코드를 문서화하는 데도 중요한 역할을 한다. 테스트는 코드의 모든 부분 문서를 작성하지 않고도 코드를 문서화하는 데 매우 유용한 방법이다.
- 테스트의 또 다른 장점은 새로운 개발자를 돕는 것이다. 새로운 개발자가 팀에 합류하면, 테스트를 실행하고 읽음으로써 코드에 익숙해지기 시작해 코드 흐름에 대한 아이디어를 얻을 수 있다.

코드가 예상대로 작동하고 사용자가 적절한 시간에 소프트웨어를 사용할 수 있게 하려면, 프로덕션 코드에서 테스트를 해야 한다.

Pytest와 UnitTest

파이썬에는 훌륭한 테스트 라이브러리가 많다. Pytest와 UnitTest는 모두 가장 유명한 라이브러리에 속한다. 이번 절에서는 코드 테스트에 사용할 라이브러리를 결정할 수 있도록 이 두 라이브러리의 주요 차이점을 살펴본다.

모두 인기 있는 라이브러리이지만, 사람들이 그중 하나를 선택하게 하는 차이점은 여러 가지다. 선택할 기능을 결정하기 전에 고려해야 할 주요 기능 중 일부를 살펴보자.

Pytest는 서드 파티 라이브러리이고, UnitTest는 파이썬의 기본 제공 라이브러리다.
따라서 Pytest를 사용하려면 그것을 설치해야 하지만, 큰 문제는 아니다.

```
pip install pytest
```

UnitTest는 TestCase를 상속해야 하며 테스트를 작성하고 실행할 클래스가 필요하다.
함수나 클래스별로 테스트를 작성할 수 있으므로 Pytest는 이와 관련해 더 유연하다.
예제 8-7은 UnitTest를 보여주고, 예제 8-8은 Pytest를 보여준다.

예제 8-7 UnitTest 예제 1

```python
from unittest import TestCase

class SimpleTest(TestCase):
    def test_simple(self):
        self.assertTrue(True)

    def test_tuple(self):
        self.assertEqual((1, 3, 4), (1, 3, 4))

    def test_str(self):
        self.assertEqual('This is unit test', 'this is')
```

예제 8-8 Pytest 예제 1

```python
import pytest

def test_simple():
    assert 2 == 2

def test_tuple():
    assert (1, 3, 4) == (1, 3, 4)
```

보다시피 UnitTest는 TestCase 인스턴스 메서드를 사용한다. 하지만 Pytest는 기본으로 제공되는 assert가 있다. Pytest의 assert는 다른 assert 메서드에 대해 알지 못해도 읽기 쉽다. 그러나 UnitTest 어서션^{assertion}은 더 설정 가능^{configurable}하며 어서트 ^{assert}를 위한 더 많은 메서드를 갖고 있다.

UnitTest의 모든 assert 메서드는 https://docs.python.org/3/library/unittest.html #assert-methods에서, Pytest의 모든 assert 메서드는 https://docs.pytest.org/en /latest/reference.html에서 확인할 수 있다.

예제 8-9는 UnitTest를 보여주고, 예제 8-10은 Pytest를 보여준다.

예제 8-9 UnitTest 예제 2

```python
from unittest import TestCase

class SimpleTest(TestCase):
    def not_equal(self):
        self.assertNotEqual(2, 3) # 2 != 3

    def assert_false(self):
        x = 0
        self.assertFalse(x) # bool(x)는 거짓

    def assert_in(self):
        self.assertIn(5, [1, 3, 8, 5]) # [1, 3, 8, 5]의 5
```

예제 8-10 Pytest 예제 2

```python
import pytest

def not_equal():
    assert 2 != 2

def assert_false():
    x = 0
    assert x is 0
```

```
def assert_in():
    assert 5 in [1, 3, 8, 5]
```

Pytest가 UnitTest에 비해 어서트하기 쉽다는 것을 알 수 있다. 또한 Pytest는 UnitTest에 비해 읽기도 쉽다.

Pytest는 코드로 오류를 강조 표시하지만, UnitTest에는 해당 기능이 없다. 또한 강조 표시 없이 한 라인 오류one-line error가 표시된다. 향후 버전에서 변경될 수 있지만, 현재 Pytest는 더 나은 오류 보고 기능을 제공한다. 예제 8-11은 Pytest 콘솔 출력을 보여 주고, 예제 8-12는 UnitTest 콘솔 출력을 보여준다.

예제 8-11 Pytest 콘솔 출력

```
>>> py.test simple.py
============================ test session starts =============
platform darwin -- Python 3.7.0 -- py-1.4.20 -- pytest-2.5.2
plugins: cache, cov, pep8, xdist
collected 2 items
simple.py .F

================================= FAILURES ================
_____ test_simple_____

    def test_simple():
        print("This test should fail")
>       assert False
E       assert False

simple.py:7: AssertionError
------------------------------- Captured stdout --------------
This test should fail
======================= 1 failed, 1 passed in 0.04 seconds ====
```

```
Traceback (most recent call last):
  File "~<stdin>~", line 11, in simple.py
ZeroDivisionError: integer division or modulo by zero
```

Pytest에는 모듈, 세션, 함수를 구성할 수 있는 fixture 같은 셋업 메서드^{setup method}가 있다. UnitTest에는 setUp 메서드와 tearDown 메서드가 있다. 예제 8-13은 Pytest fixture를 보여주고, 예제 8-14는 UnitTest fixture를 보여준다.

예제 8-13 Pytest fixture

```
import pytest

@pytest.fixture
def get_instance():
    s = CallClassBeforeStartingTest()
    s.call_function()
    return s

@pytest.fixture(scope='session')
def test_data():
    return {"test_data": "This is test data which will be use in different test
methods"}

def test_simple(test_data, test_instance):
    assert test_instance.call_another_function(test_data) is not None
```

예제 8-14 Setup과 Teardown을 사용한 UnitTest 테스트

```
from unittest import TestCase

class SetupBaseTestCase(TestCase):
    def setUp(self):
        self.sess = CallClassBeforeStartingTest()

    def test_simple(self):
```

```
        self.sess.call_function()

    def tearDown(self):
        self.sess.close()
```

알다시피 Pytest와 UnitTest는 테스트 설정을 처리하는 서로 다른 방법을 갖고 있다. 이는 Pytest와 UnitTest의 주요 차이점 중 일부이지만, 둘 모두 기능이 풍부한 도구다.

Pytest가 사용하기 쉽고 읽기 쉬우므로 일반적으로는 Pytest를 선호한다. 그러나 UnitTest를 사용하는 것이 편하다면 Pytest를 굳이 사용하지 않아도 된다. 더 편한 것을 사용하자. 테스트 도구를 선택하는 것은 부차적인 문제이며, 기본 목표는 코드를 잘 테스트하는 것이다.

속성 테스트

속성 테스트는 많은 입력을 제공하는 함수를 테스트하는 방법이다. https://hypothesis.works/articles/what-is-property-based-testing/에서 자세한 내용을 확인할 수 있다.

파이썬은 속성 테스트를 작성하기에 완벽한 hypothesis라는 라이브러리를 제공한다. hypothesis는 사용하기가 어렵지 않은데, Pytest에 익숙하면 훨씬 더 쉽게 사용할 수 있다.

다음과 같이 hypothesis를 설치할 수 있다.

```
pip install hypothesis
```

예제 8-15에서 hypothesis를 사용한 속성 테스트의 예를 살펴볼 수 있다.

```
from hypothesis import given
from hypothesis.strategies import text

@given(text())
def test_decode_inverts_encode(s):
    assert decode(encode(s)) == s
```

여기서 hypothesis는 텍스트를 디코딩하기 위한 해당 데이터셋을 제공하는 대신 test
_decode_inverts_encode 함수를 테스트하고자 모든 종류의 텍스트를 제공한다.

테스트 보고서 생성 방법

테스트 보고서를 생성하는 많은 도구가 있으며, 실제로 Pytest와 UnitTest는 이 작업
을 수행한다. 테스트 보고서는 테스트 결과를 이해하는 데 도움이 되며 테스트 범위
의 진행 상황을 추적하는 데 유용하다. 하지만 여기서는 테스트 보고서 생성을 엄격
하게 살펴본다.

테스트를 실행할 때 보고서 생성은 성공/실패를 결과로 해서 테스트를 실행하는 전체
개요를 제공할 수 있다. 다음 도구 중 하나를 사용해 이를 수행할 수 있다.

```
pip install pytest-html
pytest -v tests.py --html=pytest_report.html --self-contained-html
```

nose라는 도구는 보고서 생성 도구가 내장됐다. nose를 사용하는 경우 다음과 같이 명
령을 실행해 테스트를 생성할 수 있다.

```
nosetests --with-coverage --cover-html
```

UnitTest를 사용하면 예제 8-16과 같이 TextTestRunner를 사용할 수 있다.

TextTestRunner 파트 1과 UnitTest

```python
import unittest

class TestBasic(unittest.TestCase):
    def setUp(self):
        # 여기에 설정한다

class TestA(TestBasic):
    def first_test(self):
        self.assertEqual(10,10)

    def second_test(self):
        self.assertEqual(10,5)
```

이전 테스트를 실행했다고 가정하자. UnitTest는 예제 8-17에서 보듯이 테스트 보고서를 생성하는 TextTestRunner라는 메서드를 제공한다.

예제 8-17 TextTestRunner 파트 2와 UnitTest

```python
import unittest
import test

test_suite = unittest.TestLoader().loadTestsFromModule(test)
test_results = unittest.TextTestRunner(verbosity=2).run(test_suite)
```

이 코드를 실행하면 TestBasic 클래스 보고서가 생성될 것이다.

여기에 언급된 도구 외에도 보고서를 생성하는 방식에서 큰 유연성을 제공하는 많은 파이썬 서드 파티 라이브러리가 있으며, 이 도구들은 매우 강력하다.

단위 테스트 자동화

단위 테스트 자동화는 단위 테스트를 시작하지 않아도 실행된다는 것을 의미한다. 마스터나 메인 코드와 병합하는 동안 단위 테스트를 실행할 수 있다는 것은 새로운 변경 사항으로 인해 기존 모습이나 기능이 손상되지 않도록 할 수 있다는 의미다.

앞에서 설명한 것처럼 모든 코드 베이스의 단위 테스트를 수행하는 것이 매우 중요하며, 일종의 CI/CD 흐름을 사용해 실행하려고 한다. 또한 깃^{Git}과 같은 일종의 버전 관리 시스템이나 깃허브^{GitHub} 또는 깃랩^{GitLab}과 같은 서드 파티 도구를 사용해 코드를 저장한다고 가정한다.

테스트를 실행하기 위한 이상적인 흐름은 다음과 같다.

1. 버전 관리 시스템을 사용해 변경 사항을 커밋^{commit}한다.
2. 변경 사항을 버전 관리 시스템으로 푸시^{push}한다.
3. 테스트를 자동으로 실행하고 결과를 버전 관리 시스템에 게시하는 트래비스 ^{Travis}와 같은 일부 서드 파티 도구를 사용해 버전 관리 시스템에서 단위 테스트 를 트리거^{trigger}한다.
4. 버전 관리 시스템에서는 테스트가 통과될 때까지 마스터^{master}에 병합할 수 없 어야 한다.

프로덕션을 위한 코드 준비

프로덕션으로 진행하기 전에 제공된 코드의 품질이 우수하고 예상대로 작동하는지 확인하는 것이 중요하다. 모든 팀 또는 회사는 변경 사항이나 새 코드를 프로덕션에 배포하기 전에 수행하는 단계가 다르다. 프로덕션에 배포하기 위한 이상적인 프로세스에 대해서는 여기서 이야기하지 않는다. 그러나 현재 배포 파이프라인에 몇 가지 사항을 도입하면, 파이썬 코드가 프로덕션에서 오류를 덜 발생시키고 더 나은 성능을 나타내도록 개선할 수 있다.

파이썬의 단위 테스트와 통합 테스트 실행

이미 언급했듯이 단위 테스트를 수행하는 것이 중요하다. 단위 테스트 외에도, 통합 테스트$^{integration\ test}$를 수행하면 특히 코드 베이스에 많은 부분이 이동하는 경우 매우 큰 도움이 된다.

알다시피 단위 테스트는 코드의 특정 단위를 확인하고 코드 단위가 작동하는지 확인하는 데 도움이 된다. 통합 테스트는 코드의 한 부분이 오류 없이 코드의 다른 부분과 작동하는지 테스트하는 것이 중요하다. 통합 테스트로 코드가 전체적으로 작동하는지 확인할 수 있다.

코드 일관성 유지를 위한 린팅 사용

코드 린터는 잠재적 오류가 있는지 확인하고자 소스 코드를 분석한다. 린터는 코드에서 다음 문제를 해결한다.

- 구문 오류
- 정의되지 않은 변수의 사용 같은 구조적 문제
- 코드 스타일 지침 위반

코드 린팅$^{code\ linting}$은 사소한 부분의 정보를 제공한다. 이동하는 코드가 많고 모든 개발자가 특정 코드 스타일로 코드 작업을 하는 경우, 특히 큰 프로젝트를 위한 코드에 유용하다.

많은 파이썬 린팅 코드가 있으며, 사용해야 하는 타입은 개발자나 개발자 팀에 달려 있다.

린팅을 사용하면 많은 장점이 있다.

- 코딩 표준과 비교해 더 나은 코드를 작성하는 데 도움이 된다.
- 구문 오류, 오타, 잘못된 형식 지정, 잘못된 스타일 지정 등과 같은 명백한 버그를 만들지 못하게 한다.
- 개발자로서 시간을 절약할 수 있다.
- 모든 개발자가 특정 코드 표준에 동의하는 데 도움이 된다.

- 사용과 구성이 정말 쉽다.
- 설정하기 쉽다.

파이썬에서 사용할 수 있는 인기 있는 린팅 도구를 살펴보자. 비주얼 스튜디오 코드 (VSCode), 서브라임Sublime, 파이참과 같은 최신 IDE 도구를 사용하는 경우에는 해당 도구에 이미 린팅이 포함돼 있다.

Flake8

Flake8은 가장 인기 있는 린팅 도구 중 하나이며 pep8, pyflakes와 순환 복잡성circular complexity의 래퍼다. 이 도구는 긍정 오류false positive의 비율이 낮다.

다음 명령을 사용해 쉽게 설치할 수 있다.

```
pip install flake8
```

Pylint

Pylint는 린팅을 위한 또 다른 훌륭한 선택이다. Flake8에 비해 약간 더 많은 설정이 필요하고 긍정 오류가 더 많지만, 코드에서 더 엄격한 린팅 검사가 필요한 경우 Pylint가 올바른 도구일 수 있다.

테스트 확인을 위한 코드 커버리지 사용

코드 커버리지code coverage는 코드에 대해 작성된 여러 테스트(또는 정밀하게 하기 위해 서로 다른 테스트에서 접속하는 코드)를 확인하는 프로세스다. 코드 커버리지는 코드 품질에 대한 충분한 테스트를 보장한다. 코드 커버리지는 소프트웨어 개발 수명주기의 일부여야 하며, 지속적으로 코드의 품질 표준을 높인다.

파이썬에는 Coverage.py라는 도구가 있는데, 이것은 테스트 커버리지를 확인하기 위한 서드 파티 도구다. 다음과 같이 설치할 수 있다.

```
pip install coverage
```

Coverage.py를 설치하면 coverage라는 파이썬 스크립트가 파이썬 스크립트 디렉터리에 위치한다. Coverage.py에는 수행할 작업을 결정하는 많은 명령이 있다.

- run: 파이썬 프로그램을 실행하고 실행 데이터를 수집한다.
- report: 커버리지 결과를 보고한다.
- html: 커버리지 결과가 포함된 주석 HTML 리스트를 생성한다.
- xml: 커버리지 결과가 포함된 XML 보고서를 생성한다.
- annotate: 커버리지 결과로 소스 파일을 어노테이트annotate한다.
- erase: 이전에 수집한 커버리지 데이터를 지운다.
- combine: 여러 데이터 파일을 결합한다.
- debug: 진단 정보를 얻는다.

다음과 같이 커버리지 보고서를 실행할 수 있다.

```
coverage run -m packagename.modulename arg1 arg2
```

깃허브와 같은 버전 관리 시스템과 직접 통합되는 다른 도구가 있다. 이 도구는 새로운 코드가 검토를 위해 제출되는 즉시 검사를 실행할 수 있으므로 대규모 팀에 더 편리할 수 있다. 소프트웨어 수명주기의 일부로 코드 커버리지를 확보하면 프로덕션 코드에 대한 기회가 없다.

프로젝트를 위한 virtualenv 사용

virtualenv는 모든 개발자의 도구 체인toolchain에 포함되는 도구 중 하나다. 이를 사용해 격리된 파이썬 환경을 생성한다. virtualenv를 설치하고 프로젝트 환경을 생성하면, virtualenv는 프로젝트를 실행하는 데 필요한 모든 실행 가능한 것이 포함된 폴더를 생성한다.

다음과 같이 virtualenv를 설치할 수 있다.

```
pip install virtualenv
```

---

virtualenv에 대한 자세한 정보는 https://docs.python-guide.org/dev/virtualenvs/에서 확인할 수 있다.

요약

모든 프로덕션 코드는 코드를 디버깅하고 좀 더 모니터링하는 데 도움이 되는 도구가 중요하다. 8장에서 살펴본 것처럼, 파이썬에는 코드를 프로덕션에 배포하기 전에 코드를 좀 더 잘 준비할 수 있는 많은 도구가 있다. 이러한 도구는 수백만 명의 사용자가 애플리케이션을 사용할 때 제 상태를 유지하는 데 유용할 뿐만 아니라 장기간 사용할 수 있도록 코드를 유지 관리하는 데도 도움이 된다. 이러한 도구에 투자하면 장기적으로 수익을 거둘 수 있으므로 애플리케이션에 이러한 도구를 활용하고 있는지 확인한다. 프로덕션에서 애플리케이션을 배포할 때 올바른 프로세스를 유지하는 것은 애플리케이션의 품질을 높이기 위해 새로운 기능을 구축하는 것만큼 중요하다.

멋진 파이썬 도구

여기서는 개발 속도를 높이고 코드 품질을 향상시키는 데 도움이 되는 여러 권장 도구를 소개한다. 이미 사용하고 있을 수도 있지만, 그렇지 않은 경우라면 개발자가 버그를 조기에 발견하고 코드 유지 보수를 개선하는 데 도움이 될 수 있으므로 코드 기반에 포함시키는 것이 좋다.

Sphinx

코드 품질을 유지하는 데 단위 테스트를 작성하는 것이 중요하듯이, 프로젝트에 참여하는 새로운 개발자가 코드에서 헤매지 않고 빠르게 성장할 수 있도록 하려면 잘 문서화된 코드를 갖는 것이 중요하다. Sphinx는 코드를 쉽게 문서화하는 데 도움을 줄 수 있다. 코드에 독스트링을 추가해야 한다.

다음과 같이 Sphinx를 설치할 수 있다.

```
pip install sphinx
```

다음으로 프로젝트의 docs 폴더를 다음과 같이 생성한다.

```
project
    project_name
        __init__.py
            source_1.py
            source_2.py
docs
    setup.py
```

docs 폴더 내에서 sphinx-quickstart 스크립트를 실행하면 스크립트가 필요한 설정을 수행할 수 있다. 다음 코드는 명령을 실행하는 방법이다.

```
cd docs
sphinx-quickstart
```

이 스크립트는 docs 폴더 내에 여러 디렉터리와 파일을 생성하는데, 이 디렉터리는 소스 코드에서 문서를 자동으로 생성하는 데 사용될 것이다.

이제 코드에 다음과 같이 독스트링을 추가할 수 있다.

```
"""
모듈은 몇 가지 기본 계산 태스크를 수행한다.
"""


class Calculation:
    """이 클래스는 여러 계산을 수행한다.
    이 클래스를 사용하면 다양한 계산을 수행해
    올바른 결과를 얻을 수 있다.
    """

    def __init__(self):
        """계산 초기화 메서드"""
        self.current_number = 0
```

```
def sum(self, list_of_numbers):
    """숫자 리스트를 합산한 sum을 반환한다.
    param list_of_numbers: 합산할 숫자 리스트
    type list_of_numners: list
    return: 숫자의 합을 반환
    rtype: int
    """
    return sum(list_of_numbers)
```

이제 HTML 파일을 생성하려면 다음 명령을 사용할 수 있다.

```
make html
```

그러면 코드에 추가된 주석을 바탕으로 HTML 파일이 문서로 생성될 것이다.

커버리지

커버리지^{Coverage}는 파이썬 코드의 코드 커버리지를 측정하는 데 유용하며, 주요 목적은 테스트의 효과를 측정하는 것이다. 테스트 중인 코드 부분을 보여주고 테스트를 기반으로 보고서를 생성하며, 대부분의 주요 파이썬 버전을 지원한다.

커버리지는 프로젝트에서 .coverage 파일을 찾아 보고서를 작성하는 데 사용한다. 다음 명령을 실행해 커버리지를 설치할 수 있다.

```
pip install pytest-cov
```

pytest를 사용하는 경우 다음과 같이 실행할 수 있다.

```
py.test test.py --cov=sample.py
```

커버리지를 사용해 보고서를 생성하려면 pytest를 위한 py.test 플러그인이 필요하다. 다음과 같은 보고서가 표시된다.

```
Name | Stmts | Miss | Cover | Missing |
..............................
sample.py | 6 | 0 | 100% |
```

커버리지에 대한 자세한 내용은 https://coverage.readthedocs.io/en/latest/index.html을 참조한다.

pre-commit

깃 버전 관리 시스템을 사용해 프로젝트를 관리하는 경우, pre-commit 훅hook은 커밋 프로세스의 일부가 돼야 하는 도구 중 하나다. pre-commit 훅은 코드를 커밋하려고 할 때 실행되는 깃 훅 스크립트이며, 코드 리뷰를 위해 제출하기 전에 다양한 문제를 식별할 수 있다.

식별할 수 있는 문제로는 누락된 세미콜론, 오타, 코드 구조 문제, 잘못된 코딩 스타일, 복잡성, 후행 공백, 디버그 구문 등이 있다.

이러한 문제를 지적함으로써, 코드 리뷰를 제출하기 전에 문제를 해결할 수 있고 리뷰어reviewer와 팀 내 나머지 사람들의 시간과 노력을 아낄 수 있다.

코드를 제출하기 전에 pre-commit으로 Flake8이나 Pylint와 같은 린터를 연결하면 이러한 모든 문제를 식별할 수 있다. pre-commit 패키지 관리자는 다음과 같이 설치할 수 있다.

```
pip install pre-commit
```

pre-commit 훅을 추가하기 위해 다음과 같이 파일을 생성할 수 있다.

---

pre-commit-config.yaml

이 파일에서 코드를 제출하기 전에 실행할 모든 훅을 정의할 수 있다.

문제가 있는 코드를 커밋하려면, 모든 문제가 오류로 돼 문제를 해결하기 전에 커밋할 수 없다. 또한 모든 팀원이 비슷한 스타일을 따르고 Flake8이나 Pylint와 같은 도구를 사용해 코드를 확인한다.

나만의 새 훅을 생성해 코드 제출 프로세스의 일부로 추가할 수도 있다. pre-commit에 대한 자세한 내용은 https://pre-commit.com/을 참조한다.

virtualenv를 위한 Pyenv

Pyenv는 다양한 가상 환경으로 여러 버전의 파이썬을 관리할 수 있다. 파이썬 2.7, 파이썬 3.7, 파이썬 3.8 등과 같은 파이썬 버전을 동시에 한 머신에서 작업하고 쉽게 전환할 수 있으며, 디렉터리를 변경해 가상 env를 전환할 수도 있다.

https://github.com/pyenv/pyenv-installer로 이동해 Pyenv를 설치할 수 있다.

Pyenv를 설치하면 .bashrc 파일에서 이 라인을 설정할 수 있다.

```
export PATH="~/.pyenv/bin:$PATH"
eval "$(pyenv init -)"
eval "$(pyenv virtualenv-init -)"
```

이제 https://github.com/pyenv/pyenv의 문서를 읽고 다른 Pyenv 명령을 탐색할 수 있다.

주피터 랩

데이터 과학 분야에서 일한다면, 주피터^{Jupyter}나 노트북^{Notebook}을 사용해 브라우저에서 코드를 실행하는 경우를 들어봤을 것이다. 현재는 노트북과 주피터의 향상된 버전인 주피터 랩^{Jupyter Lab}이라는 새로운 도구를 사용할 수 있다.

이 도구는 파이썬의 IDE로 간주할 수도 있으며(모든 종류의 파이썬 코드를 실행할 수 있다.), 여러 파이썬 가상 환경을 설정하거나 가상 환경 문제를 디버깅할 필요가 없으므로 데이터 과학자들에게 권장된다. 주피터 랩을 사용하면 이러한 모든 환경 문제를 해결하고 코드 작성에 집중할 수 있다.

다음에 표시된 것처럼 pip를 사용해 주피터 랩을 설치할 수 있다.

```
python3 -m pip install jupyterlab
```

또는 다음에 표시된 것처럼 conda를 사용할 수 있다.

```
conda install -c conda-forge jupyterlab
```

그것을 실행하기 위해 간단히 주피터 랩을 작성할 수 있다.

기본 브라우저가 http://localhost:8888/lab으로 열리며, 여기서 파이썬 코드 작성을 시작할 수 있다.

파이참/VSCode/서브라임

파이썬 코드를 작성하는 데 도움이 되는 젯브레인즈^{JetBrains}의 파이참, 마이크로소프트의 비주얼 스튜디오 코드(VSCode), 서브라임과 같은 훌륭한 IDE가 있다. 이들은 개발자들에게 인기 있는 주목할 만한 IDE들 중 일부다.

파이참은 커뮤니티 및 라이선스 버전으로 제공된다. VSCode와 서브라임은 오픈소스 코드이며 무료로 사용할 수 있다.

이 모두는 프로그래밍을 위한 훌륭한 도구이므로 어떤 것을 선호하는지가 중요하며 인텔리센스IntelliSense, 원격 디버깅 등과 같은 기본 기능을 제공한다.

Flake8/Pylint

다른 모든 언어와 마찬가지로, 파이썬에서는 파이써닉 방식으로 코드를 작성하기 위한 지침이 있다. Flake8과 Pylint 같은 도구는 모든 파이썬 가이드라인을 따르고 있는지 확인한다. 이러한 도구는 설정 가능하므로 프로젝트 요구에 따라 검사를 수정할 수 있다.

다음과 같이 pip로 가상 환경에 Pylint를 설치할 수 있다.

```
pip install pylint
```

언급했듯이 Pylint는 완전하게 구성할 수 있다. pylintrc와 같은 파일을 사용해 중요한 오류나 규칙을 사용자 정의할 수 있다. 또한 나만의 플러그인을 작성해 사용자 정의할 수도 있다.

마찬가지로 Flake8은 코드에서 모든 PEP8 규칙을 확인하고 위반 여부를 알려준다.

Flake8은 다음과 같이 설치할 수 있다.

```
pip install flake8
```

Flake8은 필요에 따라 사용자 정의 검사를 위한 .flake8이라는 구성 파일도 갖고 있다.

코드가 PEP8 규칙을 따르게 만드는 동일한 목표를 달성하려는 도구들이므로, 두 가지 도구를 모두 설치할 필요는 없다.

클린 파이썬
효과적인 파이썬 코딩 기법

발 행 | 2021년 4월 12일

지은이 | 수닐 카필
옮긴이 | 유연재

펴낸이 | 권 성 준
편집장 | 황 영 주
편 집 | 조 유 나
디자인 | 송 서 연

에이콘출판주식회사
서울특별시 양천구 국회대로 287 (목동)
전화 02-2653-7600, 팩스 02-2653-0433
www.acornpub.co.kr / editor@acornpub.co.kr